幸せの神さまとつながる

お掃除の作法

開運神社ナビゲーター
西邑清志

青春出版社

はじめに　願いが叶う人続出！　神さまとつながるお掃除の秘密とは

思わぬ偶然から幸運に恵まれたり、ピンチのときに助けがきたりしたとき、目には見えない存在に応援されていると感じたことはないでしょうか？

目には見えないけれども、いつも私たちを見守ってくれている存在――それが神さまです。

私は、平安時代から続く神社神主の家系に生まれ、小さな頃から神さまの存在を身近に感じながら育ちました。今は神職として神さまと人とをつなぐお手伝いをさせていただいております。

具体的には、地鎮祭や上棟式、七五三などの諸祈願をおこなうほか、「開運神社ナビゲーター」として全国各地の神社へ、皆さまに参拝のご案内をさせていただいております。

神社参拝というと、神社に行って手を合わせ、お賽銭《さいせん》を入れて帰ってくればいいと思っている方が多いかもしれません。しかし、それでは神さまに確実に願いを届けることはできません。

私がご案内する参拝は、「神社を訪れる前」からはじまっているのです。

一緒に参拝された方々は、私自身も驚くような幸運に恵まれています。

「参拝翌日、長年つきあっていた彼からプロポーズされた」

「大きな仕事が入って、それまで赤字だった会社がたちまち黒字になった」

「結婚九年目にして子宝に恵まれた」

「参拝直後に裁判が百パーセントで勝訴した」

「会いたいと思う人にすぐ会えたり、連絡がくることが多くなった」

「すべての企画が通るようになり昇進、給料も倍増した」

などなど、仕事からプライベートまで、願いが叶う人が続出しているのです。

実は、このような方々にはある共通点があります。

それは**「お掃除が大好き」**だということです。

自宅をきれいにお掃除するのはもちろん、会社のデスクまわりもきちんと整えています。なかには、自宅だけでなくお店や駅といった公共のトイレまで、必ずきれいにしてから出てくるという方もいます。

神さまは、このような人たちが大好きです。なぜなら、**「神さまはきれい好き」**だからです。

幸運に恵まれる人というのは、日頃からお掃除をすることで身のまわりをきれいにしているから、いつも神さまとつながり、応援していただくことができるのです。

ただし、「神さまとつながるお掃除」は、単に掃除すればいいのではなく、いくつかのポイントがあります。

そのポイントを知っていただければ、今まで面倒くさいと思っていたお掃除が、とても楽しいものへと変わることでしょう。

『幸せの神さまとつながるお掃除の作法』目次

第一章　うまくいっている人は「お掃除の力」を知っている

第二章 幸せの神さまとつながるお掃除の作法

第三章 神さまに好かれる人になる毎日の習慣

カバー・本文イラスト　ナツコ・ムーン
本文デザイン　青木佐和子

第一章

うまくいっている人は「お掃除の力」を知っている

開運のヒントは「お掃除」にある！

お掃除は、神さまとつながるための基本です。

「清浄なる場所に神が降りる」と神社神道ではいわれます。ホコリや汚れによって穢れた場所を掃き清め磨き清めることで、その場が清浄なる場所となります。**その清浄なる場所に神さまが降りてくる**のです。

また、日本文化の伝統には、道路は汚さないものという習慣があり、掃き清められた道に神が通ると、その道は清道《せいどう》になると信じられています。

神社では、汚れた参道、汚れた幣殿《へいでん》、拝殿《はいでん》は気が悪くて神さまが降りてくることができません。

私が神道を勉強していた大學では、授業の単位の一環として、全国の神社のうちひとつの神社に行って神社の実習、いわゆる神社で修行をさせていただきます。

私が実習に参りました京都の神社では朝五時～五時三〇分に起床、起床後に洗顔し白衣と白袴に着替え、鳥居から参道の落ち葉や小石を掃き払い、拝殿、幣殿を箒《ほうき》と雑巾できれいにします。普段使用しない舞殿も毎日掃き、雑巾で拭き清めます。

掃除を終えたあとに気のせいか、神居ます御扉から「ご苦労。これで神も居つきやすくなったぞ。ますます斎《いっ》きまつれ」という声が聞こえ、神さまとつながったような気がしました。

このような経験は、神社で奉職していないとできないと思われるかもしれません。しかし、皆さんにも同じことを経験していただくことができるのです。

それが、皆さんの住まいです。人が住む住まいにも、高級なご神霊に降りていただくことができるのです。

では、どのようにすればよいのでしょう？

そのヒントは、私たちが普段の生活の中でおこなっている「お掃除」にあるのです。

お掃除を「する」から「させていただく」へ変えよう

「はじめに」でも述べたように、神さまとつながり、応援していただくためには、単にお掃除すればいいわけではありません。

毎日の掃き掃除、毎日の拭き掃除、毎日の洗濯、毎回の食事が終わったあとの洗い物……毎日するそれらの行為を「する」ではなく、「させていただく」と意識を変えていくのです。神社では、神職が神に奉仕するのではなく、「奉仕させていただく」という意識をもって奉仕しているのです。

主婦の方も共働きの方も、お掃除や洗濯といった家事は、女性がやっている場合がほとんどなのではないでしょうか。きれいにしてもきれいにしても毎日やらなければならないそれらの家事に嫌気がさしていたり、「旦那さんは汚す一方で、きれいにするのはいつも私ばかり」と不満を募らせている方も多いかもしれません。

このように、「掃除＝しなくてはいけないこと」と思ってやっているのではないでしょうか。

誰でも、しなくてはいけないことは、いやいやながらすることになってしまうものです。

いやいやながらしたお掃除や、いやいやながらした洗濯や洗い物は、隅にホコリや汚れが残っています。洗濯物の汚れが取りきれていなかったり、ゆすぎが足りずに洗剤の粉が付いた状態であったりします。洗い物だって洗剤が取りきれていなかったり、食べ残しが取れていなかったりします。そのようなお掃除のあとや洗濯のあと、洗い物のあとに中途半端な気持ちが残ります。

中途半端なお掃除には、達成感がありません。中途半端なお掃除をしている、そのような住まいはどんな感じなのでしょう？　勘のいい人が見たときに、「あ……部屋の隅に小さい鬼がいるよ」なんていうかもしれません（笑）。

ごまかしたお掃除や洗濯、中途半端な洗い物をしていると、そこには神さまが降りてこないのです。

だからこそ、**お掃除、洗濯、洗い物で達成感を得るには「掃除をさせていただく」という心を持つことが大切**です。それは例えていえば、(神さまに)お掃除をさせていただくという気持ち、させていただくという心です。

そうすると、

「神さまにさせていただいているんだ」

「神さまに喜んでいただいているんだ」

という気持ちになっていきます。

神さまに守られて、

「させていただいているんだ」

という幸福感まで湧いてきます。

素直な心で毎日毎日お掃除や洗濯、洗い物をさせていただいていると、そのような「悟り」まで得られるようになります。

悟りにまでいたらなくても、お掃除のあとはとてもすがすがしい気持ちになります。

かつて私が実習で毎朝神社のお掃除をさせていただいたときは、その後にいただく朝食ほどおいしいものはないと実感したものです。

「働く」は、「傍《はた》を楽にすること」からできた言葉だといわれていますが、まさに、働いたあとの食事は極上の美味さのたとえそのものでした。

お掃除は神さまとつながるための基本です

前にも述べましたが、私が大學生のときに神社実習をさせていただきました京都の有名神社でも、毎日、毎朝のお掃除からはじまります。七日間の実習期間のうち六日は、毎日朝から夕方までお掃除をしていました。

当時の私は、「なんで神社の実習なのに毎日神社のお掃除ばかりをして神社の表に出られないのだろう」なんて思っていましたが、連日のお掃除をさせていただいた最終日に、白衣と白袴に着替えるようにといわれました。その後、神札やお守りやおみくじを分けさせていただくために、神社のご社頭に出させていただきました。

そのとき私は、なぜ毎日お掃除をしていたかがわかったのです。

それは、神社の神さまに日頃のお願いをしにいらっしゃる参拝者を、清々しい気持ちでお迎えしたいということだったんだ。と。

同時に、神さまには神社を居心地のよい住まいとしていただきたいから、毎日お掃除をしていたのだ、と。

そうやって先人たちは、神社に神さまが降臨していただくために、その神社に毎日参拝者を迎えるために、一三〇〇年も前から毎日、毎朝のお掃除を「貫き通して」きたのです。

毎日毎朝の継続を貫き通す――これが人の御魂《みたま》にとって大切なことなのです。

そのような心意気で、神さまのため人のために毎日お掃除をさせていただくから、お掃除できれいになった場所に神さまが降りてくるのです。

だからこそ、「掃除は神さまとつながるための基本」となるのです。

「見えないところ」にこそ神さまは宿ります

松下電機（現在の社名はパナソニック）の創業者、松下幸之助氏が「お掃除」を重んじていたことは有名でした。幸之助氏は、お掃除の中でもトイレ掃除を重要に考えていました。

「人の嫌がる汚いところ、一番汚いところこそ、すすんで掃除しなければならない」

幸之助氏はそう考えていたのです。

九歳で最初の奉公先に丁稚奉公に出ていた幸之助氏は、欠かさずに毎日トイレ掃除をしていたのです。このとき幸之助氏はトイレ掃除の重要性を、身をもって知ったのでしょう。

昭和二六年に幸之助氏は初のアメリカ視察をおこないました。あるとき誰もいない冬の海水浴場に案内された幸之助氏は、公衆便所に入り、衝撃を受けたのです。

「誰もおらん時期の便所なのに、クモの巣どころか、チリひとつない。どうしてこんなにきれいなんや。誰が掃除をしとんのやろう?」

不思議に思った幸之助氏が訊ねると、案内をしていたアメリカ人はこう答えました。

「それは驚くことではありません。私たちが働いて、税金を納めています。その税金で、掃除がされています。だからこそ、どこでもきれいなのは当然のことなのです」

文明国家とは人に対して誠実であり、人が見ていない場所、人が普段使用していない場所まで大切にされて、毎日きれいに掃除されているんだと、幸之助氏は思い知りました。

そして、「『見えないところ』こそ大切であって、『見えないところ』にこそ神さまが宿る」と考え、日本でもこれを見習うべきだと思いました。

松下幸之助氏とお掃除の逸話は、ほかにもあります。

ある日、松下電機に入社試験の面接に来た学生がいました。学生は面接前に身だしなみを整えるためにトイレに入りました。そのとき、トイレをお掃除していた老人を清掃係だと思った学生は、「面接会場の○○室はどこですか？」と聞きました。

その後、面接会場に入ったとき、目の前に背広姿で座っている立派な姿の社長の顔を見て、学生は驚きました。なんと、その社長は、ついさっきまでトイレ掃除をしていた清掃係だったからです。

人の嫌がる汚い場所と思われているトイレを、社長自らお掃除する。松下幸之助氏の美学はそこにあったのです。

幸之助氏は、営業所を回るたびにトイレに入り、「君、便所が汚いで」といっていたといいます。毎日トイレをきれいにお掃除していることと営業所の売上が比例することも、幸之助氏は見抜いていたのです。

京セラの創業者稲盛和夫氏は、自社の工場を視察に行ったとき、工場に少しでもチリやホコリが落ちていると機嫌が悪くなったそうです。

稲盛氏が工場にくると決まったらもう大変です。工場内では皆が慌ててお掃除をします。工場に到着した稲森氏が作業台の下を見まわします。すると、整理されていないものが出てきたりします。結果「これは、整理整頓とはいわない。こういうことだから、生産の合理性も上がらないのだ！」と怒られることになる。

作業台の下の見えないところこそ、日頃何も置かずにきれいにしておくのが理想だと稲盛氏は考えていたのでしょう。

「見えないところ」こそ毎日きれいにしておくことが大事で、「見えないところ」にこそ神が宿る。

成功者たちはこのように信じ、実践していたのです。

あなたのお掃除、神さまはちゃんと見ています

『論語』に、

「祭《まつ》ること在《ま》すが如《ごと》くし、神を祭ること神在《かみま》すが如くす。子曰《しいわ》く、吾祭《われまつり》に与《あずか》らざれば、

祭らざるが如し」

という言葉があります。これは、

「自分の先祖を祀《まつ》るときは、先祖が目の前にいると思って祀りましょう。神さまを祀るときも、神さまが自分の目の前にいると信じて真剣に祀らなければいけません。そのようにして祀らなければご神徳をいただくことはできないでしょう」

という意味です。

ほかにも『続日本後紀 巻九』に、

「神を敬《うやま》ふこと在《ま》すが如く……古今《ここん》の通規なり」

とあります。これも、

「神を敬うことは、神が在すが如くに祈ることです。それは、昔から信じられていたことなのです」

という意味です。

目に見えることよりも、目に見えないものの中にこそ、真実があるものです。

日常の暮らしの中でも、「誰も見ていないから」と道端にゴミを捨てたり、物を粗末に扱ったり、人に対して卑怯なことをしたり、だましたりしていたりすると、あとあと倍になった仕打ちとして自分に返ってきてしまいます。

お掃除をすることも、これらと同じです。

お掃除するときは、目に見える場所だけをお掃除して、目に見えない場所はどうでもいいというわけにはいかないのです。

目に見えない場所に汚れがたまって、それが床や壁を傷めたり、害虫の巣ができてしまえば、そこから大きな問題が広がってしまいます。

誰も見ていないからといって、汚したり、破いたり、汚れをためたりする——しかしそれはすべて神さまが天から見ています。見ていないようですけれど、ちゃんと見ているのです。

皆さんがお掃除をするときも、神さまは天から見ています。神さまが見ているから、お掃除をするといいことがあるのです。

「穢れ」があると、神さまは降りてくることができません

神社では、正、明、浄、直をモットーに暮らしております。

神社の宮司をはじめ、神職は正しさ、明るさ、浄（清）らかさ、素直（正直）さを信条に、神さまの御用をさせていただいているのです。

また、神職のことを、「仲執り持ち《なかとりもち》」ともいいまして、神さまと人との仲を執り持つ仕事です。だからこそ正、明、浄、直と正反対な生き方をしていては、神さまの役に、また人の役に立つことなどはできないのです。

神社の神職が持っている階級に、「浄階、明階、正階、直階」という名称がついているのも、神職が忘れてはならない信条をあらわしているのです。

神さまは、正、明、浄、直の反対、嘘や暗さ、罪や穢れを嫌います。血や死なども嫌います。人は**「気が枯れる」**から、**「穢れる《けが》（気枯れる）」**と信じられています。

気を枯らさない要素のひとつとして重要なのは、気のいい場所に住んでいるのか、気のいい会社で働いているのか、ということです。

家の床に帰宅後脱いだ服など置かれたままになっていませんか？

不要な物ばかり散乱させていませんか？

そこにはチリやホコリがたまっていませんか？

床に不要な物が散乱していると、床が呼吸をできないため、床の下にある大地からの気の流れが停滞してしまいます。床も呼吸をして生きているわけです。

土地の運気とは、その大地が発するエネルギーのことです。大地に直結した一階などで暮らしていますと、じかにその大地のエネルギー、土地の地運を受けます。人はその土地が育てると昔からいわれるのはそのためです。

また、気のいい人と会うと、自分の気もよくなります。最高に気のいい人に会えば、もっと気がよくなります。

では、最高に気をよくするにはどうしたらよいでしょう？

それは、人ではありませんが、最高に気のいい神さまのいらっしゃる神社に行くことです。

皆さんは、「どんな神社でも、お参りすればご利益がある」と思っているのではないでしょうか？　しかし残念なことに、神社の中にも気のいい神社と悪い神社とがあるのです。

たとえば、蜘蛛の巣だらけだったり、ススだらけだったり、いつも御扉が壊れっぱなしだったり、庭の草がぼうぼうだったり……。こんな神社は、暗い感じで、気がよくありません。だから参拝していても、一向にいいことはありません。

こういう神社は、本来いらっしゃる神さまが雲の上に〝神上がり〟してしまっているのです。

その空き家になった家に入ってくるのは、その神社にふさわしくない神さまだったりします。そういう神社の神さまに向かってお願いしていても、ご神徳などに反映されないでしょう。

皆さんの家でも同じです。

お掃除をして家に神棚を置いたとしても、応接間や居間や部屋のお掃除をたまにしかしないで、神棚もホコリだらけのままにしていたら穢れてきます。気が枯れてくるから、病気がちにもなってきます。

そういう状態になっているということは、神棚に神さまが降りてくることができなくなっているのです。

神さまとつながるには、皆さんが日頃から過ごしている自宅をお掃除して、いい気で満たしておくことが大切です。

「清める」ことを大切にしてきた日本人

神社の神職の階位には「浄階」という位があると先ほど述べました。

浄階は神社界でも上の位の階位です。神社ではそれほど「浄」、つまり「浄（清）める」ことが重要なのです。

神さまは穢れや死を嫌うとされ、不浄のものとされます。特に伊勢の神宮では、不浄な言葉を忌詞《いみことば》として扱い、死という詞は使わずに「奈保留《なほる》」といい替え、病を「夜須美《やすみ》」といいました。血も「あせ」と呼んでいます。

要するに罪や穢れが積み重なることで不浄になり、不浄になるからこそ病や死を招くとされているのです。

これを普段の生活に置き換えますと、**お掃除をしないでいると部屋や会社に穢れがたまって不浄になり、病気になってしまう**ということです。

日本神話であり、日本最古の歴史書とされる『古事記』の中に、天若日子《あめのわかひこ》という神さまが絶命したあとに妻神が箒で不浄を掃き出した、という一節もありますように、神話の時代から掃き清めるための「お掃除」が病や邪気を祓《はら》うと考えられていたことがわかります。

これは江戸時代の話ですが、神奈川の漁村のある家に宿泊したアメリカの提督ハリ

ス一行が、

「日本人は、多少身なりは貧しいようではあるが、子どもを慈しむ表情は世界一すばらしい。そして、毎日のように洗濯したものが物干し竿に干されていて、毎日のように風呂に入る。道にはゴミひとつ落ちていない。こんなに清潔な民族が地球の極東にいたことは誠に関心なことである」

ときれい好きな日本人に驚いたというエピソードが伝わっています。

ちなみに、日本人は昔から自宅の前の道路は必ず掃除する、という習慣がありました。

同時代の西欧がしていた、自分たちの糞尿を道路に散布したり、公共庭園や河川に散布するということがなかったのです。

日本にコレラのような悪性伝染病がなかったのはそのためだといわれています。

神社参りもいいけれど、毎日の過ごし方も大切

神社を参拝する際、拝殿の前で手を合わせ、お賽銭を入れるお参りもありますが、特別なお願いごとがあるときは正式参拝（昇殿参拝）をするのがおすすめです。正装をして、初穂料を神社に納め、ご神前に座り、神社の神職が参拝者の代わりにお願いごとを神さまに祝詞として奏上いたします。

参拝後に神社から御祈祷をした神札を渡されます。神社からいただきましたその神札を、帰宅後ご自宅の神棚や神棚にしている場所に置きます。

正式参拝は普通の参拝に比べ、とても効力があります。

ただし、正式参拝したからといって、普段のお掃除を怠っていては、神さまとつながることができません。

自宅にホコリや汚れやゴミがたまっていたり、「ここだけきれいにしておけばいいんだ」なんて目に見えるところだけお掃除していたり、神棚がホコリだらけで汚れていたりしたら、どんなに立派な神札をいただいても、その神札に神さまが降りてくるのは大変でしょう。

なぜなら、神社でいただく神札とは、神札に神さまが宿っているわけではないからです。

「神札＝神さま」「お守り＝神さま」と思っている方も多いと思いますが、そうではありません。**皆さんが神札やお守りにお祈りさせていただくことによって、天の神さまが神札やお守りに「降りて」くる**のです。

このことを神道では、「依《よ》り代《しろ》」といいます。依り代とは、神様が依りつくものということで、神懸かる場所、神さまが降りる場所・物のことをいうのです。

神札もすばらしい依り代ですが、**実は最上の依り代は、私たち人間です。**

ただし、人間のおこないや身だしなみがよくないと、神さまも依り代としての人間に降りてくることができません。

・神さまは神札やお守りに降りてくる・

「神札＝神さま」「お守り＝神さま」ではなく、私たちが祈ることによって、神さまが神札やお守りに降りてくる。

だからこそ、きれい好きな神さまが降りてこられるように、お清め＝お掃除する必要がある。

普段からのおこないもそうですが、神道では心のあらわれや神さまへの敬意が、服装や身だしなみになってくると考えています。

身だしなみを清潔にしてマナーに則《のっと》った服装でいることも、神さまが降りていらっしゃる最上の依り代になるために重要です。

「幸せの神さま」とつながる方法

先ほど、〝神上がり〟してしまった神社には、その神社にふさわしくない神さまが入ってくることがある、と述べました。

私たちは神さまというと、自分にいいことをもたらしてくれる方だと考えがちですが、そうではありません。

日本には八百万《やおよろず》の神さまがいるといわれており、それこそよい神さまから怖い神さままで、たくさんいらっしゃいます。『古事記伝』の作者であり、国学者の本居宣長も

「神とは可畏《かしこ》きものなり（恐ろしきものなり）」といっております。

これまで、「神さまとつながるためにお掃除をしましょう」とお話ししてきましたが、お掃除のやり方や心構え次第では、「幸せの神さま」どころか病気やトラブルをもたらす「不幸の神さま（疫病神《やくびょうがみ》）」とつながってしまうことがあります。

では、「幸せの神さま」とつながるには、どうしたらいいでしょうか？

そのコツは、「このお掃除が家庭のため、世のため、人のためになるんだ」と思ってお掃除をさせていただく、つまり**「ご利益を求めない」**ことです。

「えっ、幸せになりたくてお掃除しようと思っているのに、それを求めてはいけないの!?」

と驚かれるかもしれませんね。

しかし、**神さまは自分のことより人のことを思って行動する人が大好き**なのです。

ですから、

「これで家族も快適に過ごせる」

「あとで使う人が気持ちいいだろう」

といったふうに、ぜひ人のためを思ってお掃除してみてください。

それが巡り巡って自分に返ってくるのが、〝神さま界〟の法則です。

「お金持ちになりたい」

「すてきな人と結婚したい」

と願うことは、決して悪いことではありませんが、その願いを「人のため」と置き換えてみてはいかがでしょうか。

「日本という国をもっとよくするために、仕事を頑張りますので応援してください」

「私が世のため、人のために働けるように、その支えとなってくれる伴侶を与えてください」

このようなお願いの仕方ならば、神さまは喜んであなたの味方になってくれるでしょう。

そして、「神様にきていただくためにお掃除をさせていただきます」と思ってお掃除をしてみましょう。

第二章

幸せの
神さまとつながる
お掃除の作法

お掃除は運気を上げる もっとも手軽な方法だった！

やることなすことが空回り。

あてがはずれ続けてばかり。

がんばってがんばって、他人よりもがんばっているけれども、なかなか売上につながらない。

なかなかいい職場に巡り会えず、就職ができない。

なかなか恋人ができない……。

こんなとき、運気を上げるために、今すぐできることはあるのでしょうか？

今すぐできること、それにはまずお掃除です。**運気が下がったら、まず自分の家のお掃除からはじめていきましょう**。

部屋や居間や台所、トイレなどをお掃除して整理整頓することは、自分の行動や自分の思考を整理整頓することに直結していきます。

だから、お掃除をしていると頭の中の思考も整理整頓されてきて、「あれはこうすればいいんだ」「今これをやっておけばあとあとラクだな」といったこれからのヒントや、「なぜ、今まで自分はダメだったんだろう?」「次はこういうところに気をつけよう」といった反省点などが浮かんでくるのです。

先に、お掃除や整理整頓で成功した人物の話をさせていただきましたが、ほかにも整理整頓を実行して運気が上がり、同時に業績も上がった会社があります。

それはトヨタ自動車です。

毎日工場内を清掃することで、道具が整理され、部品が整頓されているので、従業員の仕事の効率も上がります。

汚く不潔な場所に神さまは降りてこられないとしたら、「整理、整頓、清掃、清潔」で整った場所（工場）となることで、その場所に神さまが降りてきたといえるでしょう。整理、整頓され、清掃され清潔になった場所は、神さまを引き寄せることになります。だからこそ、収益日本一の企業にまでなったのです。

夜より朝のお掃除がおすすめの理由

〝神さま界〟には「あれじゃなくてはだめ」だとか、「こうしなくてはいけない」という法則はありません。「～しなくてはならない」という決まりや規則はないのが、日本の八百万の神さまです。

ですから、こういうお掃除の仕方がいいとか悪いといった細かい決まりは、あまりありません。

ただし、いくつか押さえておいていただきたいポイントがあります。

第一に、お掃除する時間。

やはり夜中のお掃除はよくありませんね。お掃除するときはハタキをかけますから、窓を開けてお掃除したほうがよいでしょう。後述しますが、窓を開けて換気をすることは、お清めの効果もあります。

窓を開けて安心なのは、朝から昼すぎです。夜中に窓を開けていたら何が入ってくるかわかりません。

お掃除することで、邪気や邪霊を窓から掃き出し、福の神に入ってきていただくには、やはり朝がおすすめです。

私が実習させていただきました神社でも、朝起きたらすぐにお掃除させていただいていました。

それは朝早くに玄関である鳥居の外や鳥居の内側から参道を掃き清め、拝殿を掃き、雑巾で水拭きすることで、「清々しい状態にして、神さまを迎え、参拝者を迎える」という意味があるからです。

そしてこのお掃除は、雨の日も風の日も、毎日おこなわれているのです。

「神さまが通る道」に沿ってお掃除しよう

次に、お掃除する順番も大切です。神さまが通ってくる道順に沿ってお掃除するのです。

お掃除はまず**玄関**からはじめます。神社では鳥居があります。その鳥居は、私たちの住まいであれば玄関です。

また、玄関の前の庭や玄関の前の道路は、神社の参道と同じです。人を迎える前などは特にきれいにしておきましょう。もちろん、お客さんがこない日でもきれいに掃き掃除しておきましょう。

なぜ毎日お掃除をするのかというと、神さまは毎日見ておられるからです。

神さまは玄関の前の道路、庭を毎日通って、皆さんの住む住まいに入ってくるのです。誰も見ていないとは思わないで、常に見られている、喜んでいただいている、そう思ってお掃除するのと、そう思わないでお掃除するのとでは、お掃除の結果が格段に違うものになるのです。

余談ですが、日本では古代から「客神信仰《まろうどがみ》」という風習もあり、ほかの土地の神さまに客神として来ていただいて、自分たちが住む土地の守り神になっていただいたのです。客神を招き入れる場所を掃き清め、拭き清めて清浄になった場所に、客神を招いたのです。

玄関をお掃除しましたら、次は**居間（リビング）**です。居間は「家族の居る間」です。また、お客さまを迎える場所でもあります。

では、お客さまの中で、最上のお客さまはどなたでしょう？　そうです。神さまですね。

神棚を置く最上の場所は、家族全員が集まり、お客さまを迎える居間なのです。ということは、家の中で一番きれいにしておかなければならない場所こそ、神棚のある居間だということです。

まず、神棚をきれいにして、毎日居間を掃き掃除、床を濡れ雑巾で拭き掃除をしていますと、土地から発するその土地の力が床から通りやすくなってくるのです。そしてその清々しくなった場所に、居間の神棚に神さまが降りてきます。毎日のお掃除でその場所が清々しくなり、神さまが居やすい、降りやすい場所となります。

そのときその住まいは、神さまが住まう住まいとなるのです。

次に、**トイレ**を掃除しましょう。

昔から「不浄」と呼んだりして汚い場所と思われている場所はトイレです。しかし、このトイレこそ毎日きれいな状態にしておかなければならない場所なのです。

続いて、**台所**のお掃除をします。

台所も常にきれいにしておかなければならない場所なのです。台所を毎日きれいにしておくと家の経済がよくなります。昔から「台所事情がいい」とか「悪い」とかいうでしょう? 男性も率先して台所を毎日きれいにしておくと、奥さんにお小遣いを上げてもらえたりしますよ。独身男性なら給料が上がったりします。もちろん、女性もお給料が上がったり、よき支援者に巡り会えたりします。

次は**寝室**です。

人は眠っているときに浄化されます。それは、禊《みそぎ》と同じともいえる効果があるのです。また、寝るということはエネルギーを充満させるということにもなります。寝るための寝室はもちろんきれいにお掃除をしていなくてはいけませんね。

寝室で寝ることが禊にもなると説明しましたが、一日の汚れや穢れ（気枯れ）を流し落とす場所こそが**浴室**です。

浴室にはカビが発生したり、垢が溜まります。「〈場所別〉運気が上がるお掃除のポイント」で詳細を説明させていただきますが、浴室は、カビを落とし、垢を取り洗い流します。浴槽も傷をつけないようにスポンジ等でピカピカに磨きましょう。

ベランダも常にきれいにしておく場所です。いいものは玄関から入ってきます。いいものは家の中を循環します。ただし、ベランダが物置状態になっていたり、汚れていたりしますと、通気が悪くなりいいものは循環しません。ベランダや庭はきれいに整理しておきましょう。

このようなお掃除の仕方が、「神さまとつながるお掃除」なのです。

ところで、ずーっと、長い時間をかけて一向に終わることのないお掃除をしている人がいますが、これでは神さまも待ちくたびれてしまいます。それはよろしくありません。

お掃除をするときは、合理的に、でも入念に磨くところは磨いて、お客さまである神さまに喜んでいただける空間をつくってみましょう。

塩・水・換気が「お清め効果」を高める！

不浄の場を、清浄の場に浄（清）める。

これこそが神道的精神ともいえるでしょう。

「お清め」に効果的なのは、なんといっても塩です。神社でも神前に、家庭でも神棚の前に、必ず塩が置かれます。それは、塩には邪気を祓う効力があるといわれるからです。

日本の国技、相撲でも土俵に塩がまかれます。相撲のルーツは手力男命《たぢからおのみこと》でした。手力男命は、天照大御神《あまてらすおおみかみ》が弟神の乱暴狼藉《ろうぜき》に怒り、天岩戸《あまのいわと》にお隠れになったときに少し開いた岩戸を怪力でこじ開けた神さまです。

相撲では力士が土俵で四股《しこ》を踏むのですが、あれは地下に潜む邪鬼を追い祓うポーズなのです。そして、塩をまきその場を清めるのです。

お掃除をしたあとに玄関やトイレなど不浄が通りやすい場所に盛り塩などを置くのも、お清めとして不浄を清浄にする、という意味が込められています。

また、**水にもお清め効果があります**。

お風呂に入ることとは、体を清めることとです。現存する日本最古の歴史書『古事記』には、伊邪那岐命《いざなぎのみこと》が黄泉の国から逃げ帰ったときに、筑紫《つくし》の日向《ひむか》の橘《たちばな》の小門《おど》の阿波岐《あはぎ》原《はら》で「御禊祓い《みそぎはらい》」をした、と書かれています。橘の小門の阿波岐原とは、伊邪那岐命が禊をした池の名称です。御禊をする池……これを現代の生活に例えると、お風呂でしょう。

ローマ帝国から現代の日本にタイムスリップする映画にも描かれているように、風呂好きで清潔好きな日本人。これは神代から流れている日本人特有のDNAがあるからなのでしょう。

火《か》と水《み》と書いてカミ（神）という説もあるように、日本人にとって、火もそうですが、神社の手水舎《てみずしゃ》や御洗池《みたらしいけ》や伊勢の五十鈴川《いすずがわ》、そして風呂（浴場）の水が心身を清めると考えられているようです。日本人にとって、火と水は、その場所を浄化するものなのでしょう。だからこそ、神棚の神さまの前に、火（灯明）と水（水玉）が供えられるのです。

水にお清め効果があるというのは、お掃除や洗濯などでも水を使うことからもわかるでしょう。

ちなみに、床掃除は掃除機やモップをかけて終わりという方も多いかと思いますが、やはりそれにプラスして床を水拭きすると、「場」のお清め効果が高まります。

床を水拭きするようになってから、いいことがどんどん起こるようになった、という人もいます。最近ちょっと運気が落ちているな、という方は、日々のお掃除に床の水拭きを取り入れてみてはいかがでしょうか。

日本では昔から「打ち水」という風習があります。最近では都心のヒートアイランド現象を緩和するために夏に打ち水をする光景を見ます。

本来、打ち水は、茶室の玄関や家の玄関に水をまいて、その場を清めるためのものでした。また、打ち水をして清め、玄関から訪れる来客との関係を円満にする、という効果も考えられていのです。それも、日本の神話、『古事記』『日本書紀』の伊邪那岐命の水で自分の身を清めたという話からきているのでしょう。

「清める」ことは「浄める」こと。清めると外も内も身も心も清々しくなるのです。皆さんも打ち水の本来の意味を考えながら、玄関に水をまいてみませんか。

そのほかの水の効果としては、思わず汚い言葉や悪い言葉をいってしまったあとや、思わず口ゲンカをしたりしたあとに、水で口をすすぐと「清（浄）め」の効果になります。その後は気持ちを入れ替えて、仕事などにのぞめることでしょう。

また、**浄化には換気も欠かせません**。家にいるときはもちろん、できましたら出かけているときも節電用の換気をしておくといいですね。そうすると気が滞《とどこお》ることがなく、家の中の気の流れがよくなります。

特に、お掃除のときには、窓を開けておくと、汚れと同時に窓から溜まっていたもの、滞っていたものや邪気などが外に出ていきます。窓がない場所の掃除でしたら、換気扇は必ずかけてからお掃除をしてくださいね。

お掃除がはかどる「祓詞」

お掃除するときには、その場所をきれいにしていくという動作も大切ですが、「祓《はら》へ給《たま》ひ清《きよ》め給《たま》へ」といいながらお掃除すると、面倒なお掃除もはかどるようになります。

「祓へ給ひ清め給へ」という詞《ことば》は簡略詞ですので、気合いを入れてお掃除したいときは、お掃除をする前に罪や穢れを祓う詞《ことば》、「祓詞《はらへことば》」を唱えてからお掃除をすると、より一層お掃除がはかどります。

その「祓詞」を紹介させていただきましょう。

「祓詞《はらへことば》」
掛《か》けまくも畏《かしこ》き　伊邪那岐大神《いざなぎのおおかみ》　筑紫《つくし》の日向《ひむか》の橘小戸《たちばなのおど》の阿波岐原《あはぎはら》に
御禊祓《みそぎはら》へ給《たま》ひし時《とき》に生《な》り坐《ま》せる祓戸《はらへど》の大神等《おほかみたち》　諸諸《もろもろ》の禍事《まがごと》　罪《つみ》　穢有《けがれあ》らむをば
祓《はら》へ給《たま》ひ　清《きよ》め給《たま》へと白《まを》す事《こと》を　聞《き》こし食《め》せと　恐《かしこ》み恐《かしこ》みも白《まを》す

塩や水といった物にもお清め効果がありますが、**言葉にもお清め効果がある**のです。

よりお掃除効果を高めたい方は、ぜひ実践してみてください。

この方角だけは、いつもきれいにしておきましょう

日本には明治三年まで、天文と暦などを扱う官人・陰陽師《おんみょう》が勤める陰陽寮がありました。実は、陰陽道とはメイドインジャパン、つまり日本製のものです。

また、風水こそは陰陽道なのです。現代の日本でも、「風水」を多くの日本人が、生活の中に、仕事の中に取り入れています。

特に、陰陽道の陰陽寮が置かれた京の町は、北から南、東から西まで、風水で整備されています。帝がお住まいになられる御所を中心に、鬼門（北東）と裏鬼門（南西）に注意を払い、京の町全体を整備したのです。

鬼門や裏鬼門には、重要な神社や重要な寺院が置かれております。なぜなら、**鬼門と裏鬼門は「神の通る道」と呼ばれているから**です。

江戸時代初期に徳川家康とともに江戸の都市計画をした人物がいました。その人物

・鬼門・裏鬼門に気をつけよう・

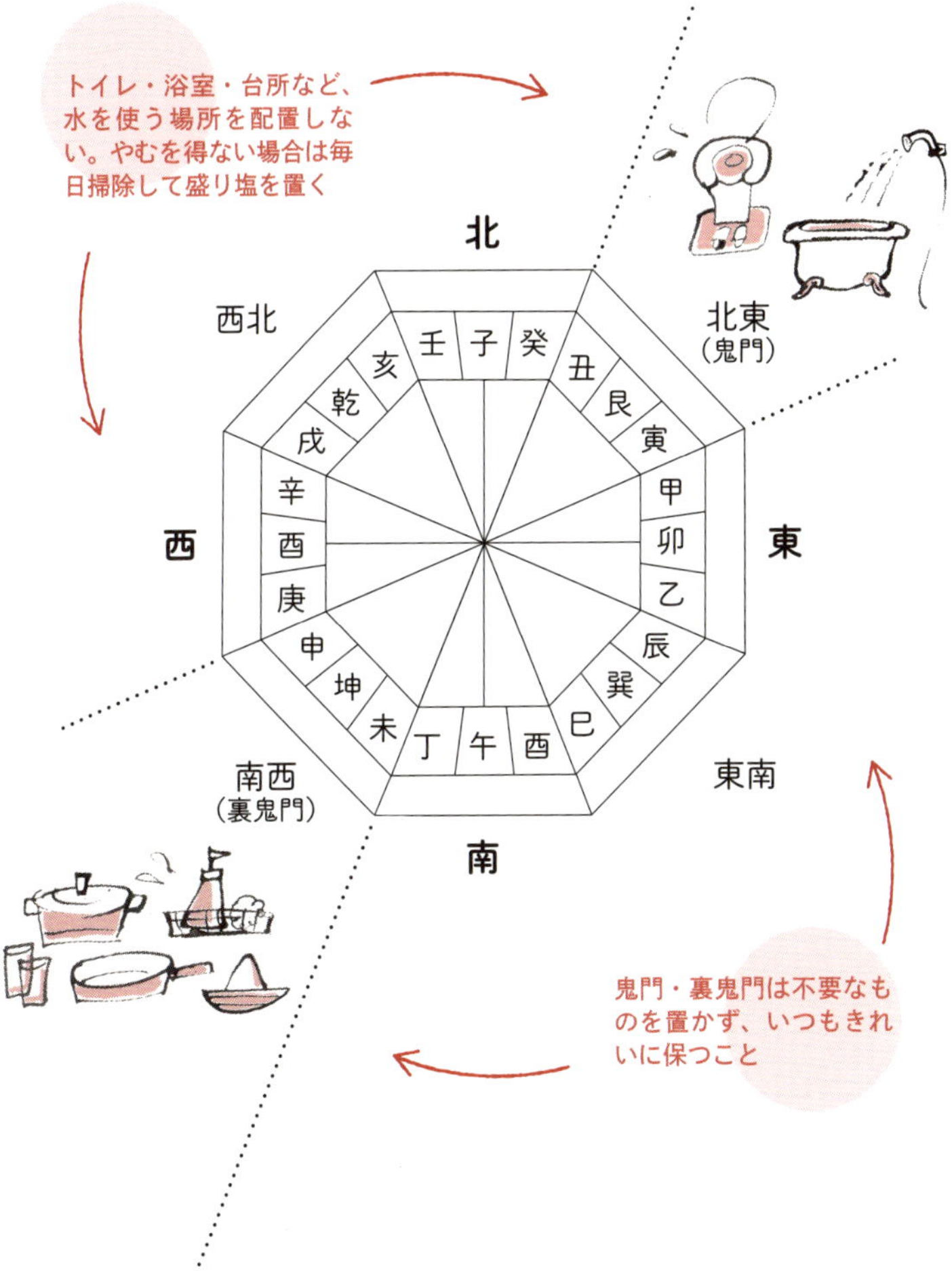
トイレ・浴室・台所など、水を使う場所を配置しない。やむを得ない場合は毎日掃除して盛り塩を置く
北
西北
北東
(鬼門)
壬
子
癸
亥
丑
乾
艮
戌
寅
辛
甲
西
酉
卯
東
庚
乙
申
辰
坤
巽
未
巳
丁
午
酉
南西
(裏鬼門)
東南
南
鬼門・裏鬼門は不要なものを置かず、いつもきれいに保つこと

は天海僧正《てんかいそうじょう》でした。

彼は「江戸の町は数百年後、日本の中心として光り輝き続ける」と見抜いた人物でもあります。

そして、江戸の町の風水計画に取り組み、千代田城（江戸城が現在の皇居）が江戸の町の中心になると考えたのです。天海僧正の読み通りに、その千代田城は、江戸時代には徳川家康が入城して江戸城に、明治時代には明治天皇が入城して皇居となりました。

また、日本橋を東海道の起点として、さまざまな川を開いて江戸の町に気の流れをつくっていきました。

さらに、江戸城を江戸の町の中心として見た鬼門（北東位）に神田明神を、裏鬼門（南西位）には日枝神社を置いたのです。常に清浄な状態にしておかなければいけない神社を置いて、鬼門と裏鬼門の清浄を保つとはなんという知恵でしょう。

皆さんの家も同様に、**鬼門（北東）や裏鬼門（南西）は、不要な物などは置かずに、日頃からお掃除をして、常にきれいにしておきましょう。**

また、この鬼門と裏鬼門は、トイレ、台所、浴室など、水道を使う場所、水まわりを嫌います。**鬼門や裏鬼門に水まわりがある場合は、盛り塩を置いておきましょう。**塩は日本国産の塩がおすすめです。また、盛り塩は、長くても一週間以上置かないようにしてくださいね。盛り塩はこまめに取り替えてください。

「捨てにくい物」とスッキリ別れるには

この本はお掃除の本ですが、そもそも物が多ければお掃除どころではありません。「これはいつか使うかもしれない」と物を大事にしまっている方もいるのではないでしょうか。物にもよりますが、一～二年経ってもまったく使わないものは、もう処分してもいいと思います。思い切って捨ててみませんか？　思い切って捨てると、不思議と新しくてよいものが手元にやってきます。

なかには、なかなか捨てられない物もあると思います。

「もったいない」というのは、食べ物を残したり、物をムダにしてしまうことです。「なかなか捨てられない」と「もったいない」とでは、意味が大きく違います。「物を捨てられない」ということは、その物に執着があるから捨てられないのです。

物事に執着していたら、心がそこから離れずに先に進めません。

さらに、「これだけは手放したくない」と思っていると、それは執念となってしまいます。執念が深くなると、それは妄念になってしまいます。「女」を「忘れる」と書くと「妄念」となりますね。女を忘れるほど物や人に執着していますと、いつまで経っても、さらによき物や、今まで以上の素敵な人とは巡り会えません。

また、人からもらった物には、その人の念が入っていたりするものです。

別れた昔の彼や彼女からのプレゼント、これは楽しい思い出なども一緒に残っていて、なかなか捨てられないものです。特に高価だった物は捨てられなかったりします。

では、捨てるにはどうしたらいいでしょう?

それは、単なる「物」として見ることです。**単なる物として見れば捨てられます。**

注意しなくてはいけないのは、物を手放すとき、その物に執着の念を残している場合です。そうすると、その物に「物ノ怪《もののけ》」がついてしまいます。そうなってしまったら、その物に触れたり譲り受けた人が、その念までもらってしまうのです。

念というのは出すほうに影響が出ます。その人が出した念、発した念は、特に怒りや怨《うら》みなどは自分に返ってきてしまいますから注意してください。

ですから、物を捨てたり譲ったりするときは、単なる物として捨てたり譲ったりするのがよいでしょう。捨てるときは、以前紹介した祓詞「祓へ給ひ清め給へ」を唱えながら、その物に塩をかけて捨ててください。そうすると、物についていた念や邪気も消えます。

「物」を新しくすることで生まれ変わる

私たち日本人は、昔から物には魂が宿ると信じて生きていました。日頃使っている物や道具に対し、まるで生きている物のように話しかける人もいます。

年末や新年に、普段から働（動）いてくれている工場の機械の前に御神酒《おみき》として日本酒の一升瓶を供えたりする光景は、珍しくありません。

このようなアニミズム（精霊信仰）精神を強く持つ民族性こそが、日本人だといえるでしょう。日常生活の中で、特に神社内の樹や磐などにも手を合わせたり祈ったりする民族は、ほかに類を見ないと思います。

また、新年には新しい服を着たり、新調したばかりのスーツを着たり、下着や歯ブラシなどを新しい物に取り替えたりしますね。神棚の神札も新年だからと、新しい神札に取り替えます。これも、日本人的というか、神道的精神からくる行動なのです。

なぜなら、日本の神社神道の教えに、「常若《とこわか》」という考え方があるからです。

常若とは、永遠に若々しい状態でいることをいいます。神さまのご神気は常に若々しいから、私たちが神社に参拝させていただくことによって、私たちまで神さまから若々しさを得られるという考えです。

平成二五年に伊勢の神宮では、二〇年振りの式年遷宮《しきねんせんぐう》が執りおこなわれました。

伊勢の神宮は一二五社を総称して神宮といいます。二〇年ごとに、神宮の御社殿や神宝などをすべて新調いたします。一二五社すべての御社殿の建て替えをするのです。

ではなぜ伊勢の神宮では、二〇年ごとに式年遷宮が執りおこなわれるのでしょう?

それは、次世代への技術の継承の期間が、二〇年が適当とされるからです。

また、二〇年ごとに永遠に、「常若」の状態でいるためといわれます。「常若」とは、伊勢の神宮が常に若く保たれることで、皇祖の御魂は永遠であり、皇室も永遠にある、というメッセージなのです。

ちなみに、神前にはお榊をお供えしますが、お榊は常緑樹ですから、エバーグリーンとして永遠に常若の精神を与えてくれるという意味があります。

物を大切にするのは悪いことではありませんが、新しくすることでさらに運気を上げることができます。月日が経って古くなった身のまわりのものは思い切って新しい物に取り替えてみましょう。

新年だけでなく、通常の日でも、最近調子がよくないなと思ったら、物を新しくしてみるといいでしょう。

新しくすることで、滞っていた気の流れもよくなり、心機一転、よりよい新たな考えや発想も出てくるでしょう。

〈場所別〉運気が上がるお掃除のポイント

ではこれから、家の中の場所別に運気が上がるお掃除のポイントについて、解説していきましょう。

神社のお掃除では、箒や雑巾を使うのが基本ですが、皆さんの場合は床を傷つけないように注意をしながら、掃除機と雑巾を組み合わせてきれいにしていきましょう。畳の部屋も、箒と雑巾、あるいは縁を傷つけないように注意しながら掃除機と雑巾を使ってお掃除をしてください。

効果的なお掃除の方法のほかに、置くと運気を上げてくれるおすすめアイテムも紹介していきますので、参考にしてください。

また、自宅ではなく会社で働いている人は、会社という場所に長時間いることになりますから、会社の環境も自分自身に大きく影響します。

トイレや会議室など、個人では変えられない部分もあるかもしれませんが、できるところからお掃除の際のポイントを取り入れていっていただければと思います。

自宅編

玄関

神さまはここを通ってやってくる!

おすすめアイテム
生花（白・ピンク・オレンジ・赤など暖色系）、胡蝶蘭、オリーブの木

いいことも悪いことも、全部玄関から入ってきます。ですから当然玄関は、毎日掃き掃除をして、そのあと濡れた雑巾でドアや棚、床、たたきなどを拭き掃除をします。

一代で会社を築いたある経営者は、雑巾でたたきを拭き掃除するのを日課にしているといいます。その会社は年々業績を伸ばしているそうで、まさに「神さまとつなが

るお掃除」の好例といえるでしょう。

お清め効果を高めたいときは、玄関に一握りの塩をまいて、箒で掃き出します。それから玄関の外に出した塩を水で流すとよいでしょう。

玄関に塩を置く人もいます。盛り塩を置くのは、邪気が入らないように、という意味がありますが、盛り塩がホコリだらけになったまま玄関に置きっぱなしだったり、一カ月以上置いたままでしたら、効果はなくなります。

盛り塩を替える期間の理想は毎日です。毎日が無理でしたら、一週間に一回は取り替えるようにしてください。

できましたら、玄関前の道路もきれいにしておくと、もっと効果的です。

玄関には、よく鏡が置かれていることがありますが、玄関の真正面に鏡を置くと、玄関から入ってこようとする邪気をはね返します。ただし、いいこともはね返してしまいますので、いいことを家に入れたいときには玄関の真正面に鏡を置かないほうがよいでしょう。

・玄関のお掃除の作法・

玄関マットは必ず敷く。床は拭き掃除を

住んでいる人数より多い数の靴を出しておかないようにする

棚の上に生花を飾る（白・ピンク・オレンジ・赤など）

たたきは掃き掃除のあと水拭きするとよい

家の前の道路もきれいに掃いておく

右側に鏡を置くと、人間関係や家庭運がアップ。
左側に鏡を置くと、財運がアップする。
鏡は常に磨いておくこと

玄関を入って左側にある鏡は、財運に関係します。右側にある鏡は人間関係、家庭運に関係します。なので、鏡は曇っていてはいけないのです。鏡は毎日ピカピカに磨きましょう。

神社の拝殿の中には鏡があるのをご存じですか？　あの鏡も邪気や魔を祓うという役割があるのです。

また、出かけるときや会社に行くとき、学校に行くときに、玄関の鏡に写る自分の姿を見て、身だしなみをチェックして家を出ますね。同様に、神社にある鏡にも、参拝にきた自分の姿や今の顔つきや心持ちがしっかりしているか、曇っていないかを、写し出されてしまうのです。

だからこそ神社に行くときは、身だしなみをきちんと整えて、心持ちもしっかりとして参拝するように心掛けましょう。神さまもお喜びになってくれますよ。「よし、もっと応援してやるぞ」と仰《おっしゃ》るでしょう。

また、玄関の入口に棚などがありましたら、その棚に白、ピンク、オレンジ、赤など、暖かみのある明るい色の花を飾っておくと、玄関から明るい気を呼び込むことができます。花は生花がよいです。玄関は神さまの入口ですから、花を置いてお迎えしましょう。

また、玄関には住んでいない人数分より多い靴は置かないようにしてください。そして玄関の中には明るい色の玄関マットを敷きましょう。

リビング

人も神さまも集います

おすすめアイテム

菊（黄色・白・ピンク）、オレンジ色の花、バナナの葉など

前にも述べたように、昔から日本の家庭では、神棚を置くのにふさわしい場所は、居間（リビング）でした。居間は家族が一家団欒《だんらん》を楽しみ、くつろぐ場所です。神さまは皆に祈ってほしいのです。そして、神さまは家族みんなに笑っていてほしいし、皆さんが笑っている顔を見ていたいから、神棚を居間の中心に置いてほしいのです。

居間全体と神棚も毎日きれいにしていると、神棚に神さまが降りてきやすくなりま

す。

毎朝神棚に向かうのは一家の中心である家長、つまり、お父さんです。毎朝お父さんが神棚に手を合わせている姿を見ていた子どものほとんどが、成長してからお父さんがやっていたように神棚を家庭に置いて、手を合わせるようになるそうです。

一日のはじまりに家族で神棚に手を合わせると、その一日は、嘘をついたり、他人をだましたり、いじめたり、愚痴をいったり、不平や不満をいったりすることはできなくなりますよね。

家の中心である居間は、床には物を置きっぱなしにしないでください。何度もいいますが、床は呼吸しています。箒や掃除機で床のゴミやホコリや汚れを取り除きます。フローリングの場合は濡れた雑巾でピカピカに拭いてください。

テーブルもピカピカにしていると飲み物や食べ物もよりおいしそうに見えてきます。

テレビも汚れないように常にきれいに拭いておきましょう。

風水でいえば、神棚はリビングの北側に設置して南向きにしてください。

ソファーや椅子は神棚に背を向けないようにします。

・リビングのお掃除の作法・

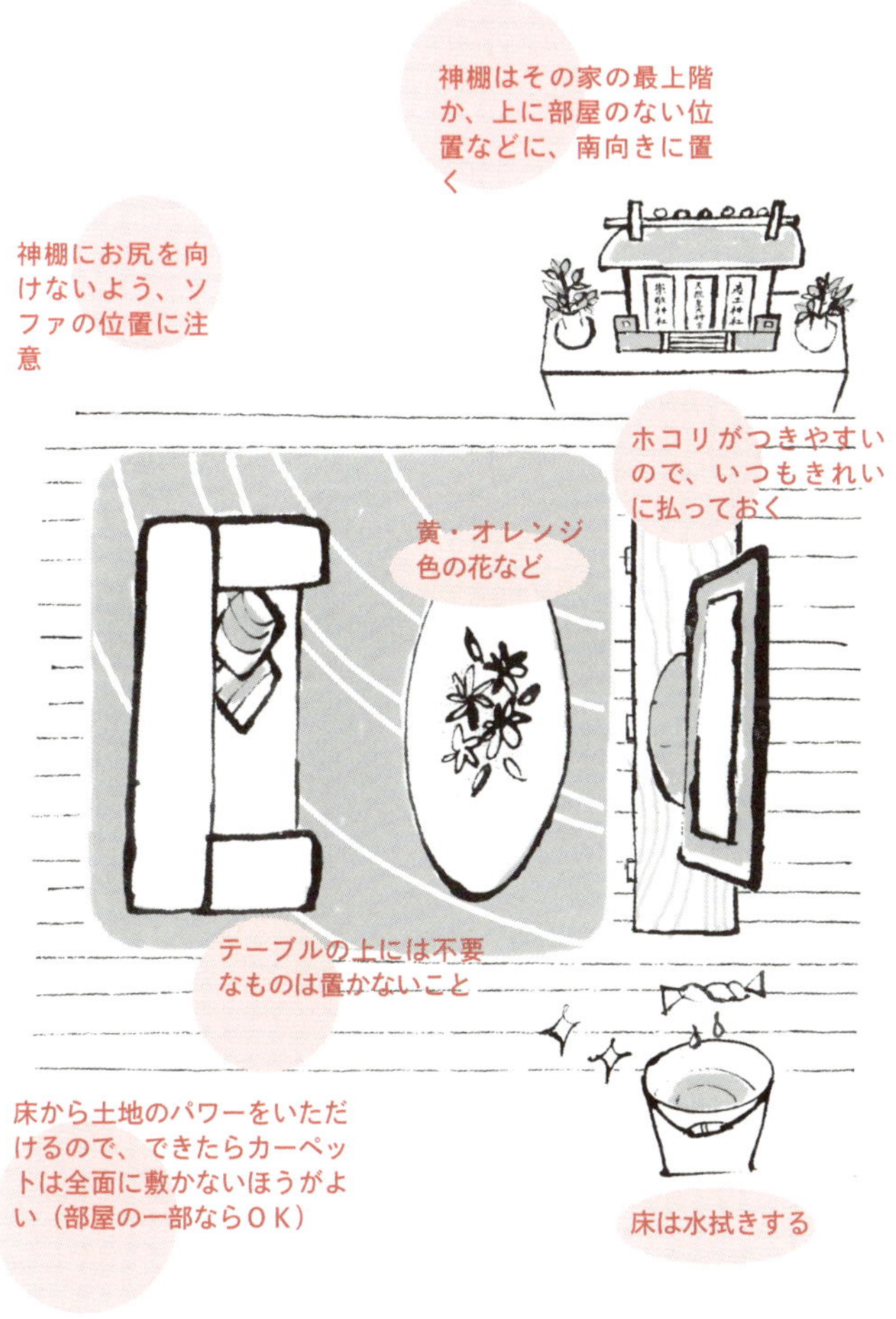
神棚はその家の最上階か、上に部屋のない位置などに、南向きに置く
神棚にお尻を向けないよう、ソファの位置に注意
ホコリがつきやすいので、いつもきれいに払っておく
黄・オレンジ色の花など
テーブルの上には不要なものは置かないこと
床から土地のパワーをいただけるので、できたらカーペットは全面に敷かないほうがよい（部屋の一部ならＯＫ）
床は水拭きする

テレビやラジオ、電話など音の出るものは東側に置いておいてください。そうすることで、必要な情報や新しい情報がテレビやラジオから入ってきます。

電話も毎日磨いておきましょう。そうすると嬉しいお知らせなどの電話がかかってきやすくなります。

神棚・仏壇

神さま、仏さまはいつも見ています

お正月にその年の歳神さまやご先祖さまを迎え入れるために、年末の神棚のお掃除は欠かさないようにしてください。

お正月もとっくに過ぎた神棚のお掃除ですが、現代社会では忙しいことも多々あるでしょう。毎日のお掃除が大変であれば、一日や一五日に神棚の屋根のホコリや汚れをハタキなどで払いお掃除させていただけばよろしいのです。

その際、神棚に置くお榊をお取り替えください。神棚に供える水と米と塩と御神酒は毎日お供えください。忙しいようでしたら、米と塩と御神酒は一週間に一度お取り

・神棚のお掃除の作法・

神札は一年経ったら新しくする

お榊
（一日、一五日に取り替える）

水・酒・米・塩
（水は毎日取り替える。米・酒・塩は一日、一五日に取り替えてもよい）

毎日お掃除するのが理想だが、難しい場合は一日と一五日におこなう。

神棚を置くスペースがないとき

（格式の高い順に重ねる）

伊勢神宮のお札を手前にし、産土神社、崇敬神社の順に重ねる

神棚の上に部屋があるとき

神棚は最上階に置くものだが、マンション等上に部屋がある場合などは、「雲」と書いた紙を神棚の上に貼っておく

替えください。ただし、どんなに忙しくても、最低限水玉の水は毎日お取り替えください。

一日、一五日に掃除するといい理由は、全国の神社にとって重要な日だからです。神社の一日、一五日を「月次祭《つきなみさい》」といいますが、簡単に説明しますと、神さまにいつも以上に皆さんの話を聞いていただける日なのだとご理解ください。

ですから、神社参拝をしたいと思いましたら、一日や一五日にご参拝されるとよいでしょう。本来は毎日参拝されるとよいのですが、現代社会は毎日やることがありすぎて忙しい人がほとんどです。お参りしたいときは、一日や十五日を選んでご参拝ください。

ただし、「今すぐ行きたい」ということでしたら、思い立ったが吉日ですからいつでもご参拝くださいませ。詳しい神社参拝の方法につきましては、のちほどご説明します。

また、その次に欠かさずにお掃除しなくてはいけない場所があります。

それは仏壇です。

仏壇にはご先祖さまのお位牌が置かれています。その仏壇の屋根にホコリや汚れがたまっていると、夫婦の間や親子の間、兄弟の間にいさかいが起きてしまいます。

お位牌にもホコリがたまってきたら、傷をつけない布などで拭いておきましょう。すると、不思議と家族の間のいさかいもなくなっていきます。

あの世に行った先祖と現世の私たちはいまだにつながっているといわれます。だから、ご先祖さまを大事にすれば、家族の仲をよくしてもらえるのです。

トイレ
人が嫌がるところこそ、すすんでお掃除する

おすすめアイテム
ディフェンバキアなどの観葉植物

実は、家のトイレは最も重要です。便器はピカピカに拭いて、床には掃除機をかけ、濡れ雑巾で拭いておきます。常時換気もしておきましょう。

昔は「トイレ掃除は嫁にさせろ」といわれていました。嫁に、汚いと思われるトイ

レ掃除をさせるなんて、一見お姑さんの嫁いびりのように思われがちですが、実はこのトイレ掃除こそが、お姑さんのお嫁さんを大切に想う気持ちのあらわれなのです。トイレ掃除をしていると、お嫁さんは日々、肌の艶がよくなってきます。お嫁さんがだんだんきれいになってくるのです。トイレを毎日掃除していると、顔にあったおできがポロッと取れた、という話もあるくらいです。

実は、トイレには、家の中で一番きれいな神さまがいらっしゃるのです。

なぜかというと、他人が嫌がる、汚いと思われているトイレを松下幸之助氏が率先してお掃除していたように、他人が嫌がる仕事ができる人ほど、魂もきれいだからです。魂がきれいだということは、御魂《みたま》がきれいだということ。御魂とは、「みたまま」で、見た目がきれいになるということなのです。

ですから、皆が汚い、お掃除したくないと思われているトイレには、魂のランクの高い最上の神さまがお住まいになっているのです。その美しい神さまがいらっしゃるトイレ掃除をするということは、自ずときれいになるということがわかるでしょう。

きれいになりたい人は、ぜひ本日から便器がピカピカになるほどトイレ掃除をして

・トイレのお掃除の作法・

観葉植物
（ディフェンバキアなど）
手洗いの水滴は拭きとっておく
トイレの位置が鬼門・裏鬼門でなくても、北または東北の方角に盛り塩を置くとよい。
取り替えた塩はトイレに流しても
便器のフタは使用しないときは閉じておく
便器周辺の床はお湯で毎日水拭きする
トイレカバーは必ずつける。ピンク色にすると恋愛運・健康運がアップするみてはいかがでしょうか。高価な化粧品を使ったりエステに行かなくても、不思議とお肌の艶もよくなって、五歳～十歳は若く見られますよ。

毎日トイレ掃除をしている人は若返る、というのはそういう理由なのです。企業のビルのトイレでも、デパートのトイレでも、清掃係の方が毎日トイレ掃除をしている姿を見かけますね。トイレに入ろうとするとき、トイレ掃除を終えたばかりの清掃係の方とすれ違ったりすると、私はいつも「(本日もきれいにしてくれて)ありがとうございます」と御礼をいいます。

挨拶するときに私はできるだけ清掃係の方の顔を見るようにしているのですが、清掃係の皆さんの顔の艶が、例外なくよく、年齢より若く見えるのです。

それを見ていると、他人が嫌がる場所を率先して掃除することほど尊いものはないと、毎回確信するのです。

台所
やりくり上手の神さまを味方につける

おすすめアイテム
榊などの常緑樹、カゲツ（金のなる木）

台所にいる時間の長い人は、その家の奥さんであることが多いと思います。たまに、旦那さんのほうが長く台所にいるご家庭もあるとは思いますが（笑）。

一般的には、やはり女性のほうが長く台所にいます。家庭の中で、節約や倹約をしたり、やりくりして貯蓄するということも、家庭の奥さんであることがほとんどです。

実は、奥さんにやりくり、貯蓄などの知恵を与えてくれる神さまがいます。その神さまこそが、台所の神さまなのです。

古い家屋には台所に小さい神棚があったりしますが、その小さい神棚に祀られている神さまこそが「荒神《こうじん》さま」や「竈神《かまどがみ》」といいまして、台所の神さまなのです。ですから神棚が祀られている台所には、ススや汚れがたまらないように、窓や換気扇などが油だらけにならないように、毎日お掃除をしましょう。

この話を聞いて気になった方は、台所に荒神さまをお祀りしてはいかがでしょうか。関東でしたら、東京の浅草にある三宝荒神堂《さんぼうこうじんどう》、品川区の品川千躰荒神王《せんたいこうじんおう》の神札。関西でしたら宝塚市にある清荒神《きよしこうじん》の神札をお祀りしたり、神社で配布しております「竃神」の神札をお祀りしてもよいでしょう。

お宮は、神棚・神具の販売店で竃神や荒神さま用のお宮が販売されておりますので、神札を入れて台所にお祀りください。お宮を置く場所は台所の北側に置いてください。そして神札を入れたお宮を南向きに置いてください。ただし、火の側には置かないようにご注意ください。

住まいの中できれいにしておくべき場所は、何といっても水まわりです。水まわりは、料理をつくる台所の流し、洗面台、浴室、トイレなどのことをいいます。水まわりを汚くしていますと、なぜか運気が落ちてきます。気のせいかと思ってしまいますが、気のせいではないんですね。

不思議なことに、台所、洗面台、トイレなどの水の出る蛇口を水滴のないほどにき

・台所のお掃除の作法・

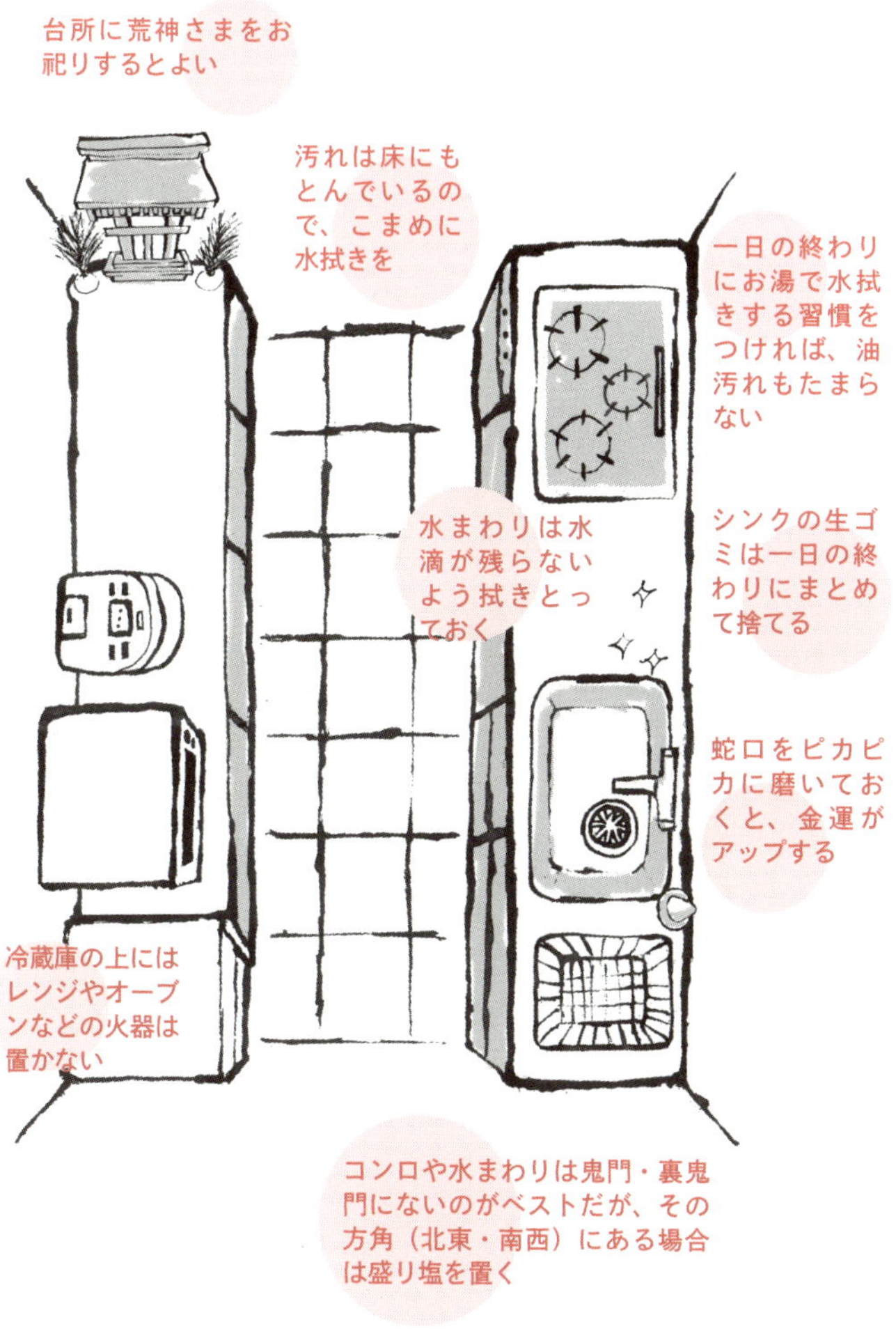
台所に荒神さまをお祀りするとよい
汚れは床にもとんでいるので、こまめに水拭きを
一日の終わりにお湯で水拭きする習慣をつければ、油汚れもたまらない
水まわりは水滴が残らないよう拭きとっておく
シンクの生ゴミは一日の終わりにまとめて捨てる
蛇口をピカピカに磨いておくと、金運がアップする
冷蔵庫の上にはレンジやオーブンなどの火器は置かない
コンロや水まわりは鬼門・裏鬼門にないのがベストだが、その方角（北東・南西）にある場合は盛り塩を置く

れいに磨いておきますと、なんだかいいことが起きてきます。

次の人が同じ場所を使うとき、水まわりが前に使った人の水滴でビシャビシャになっていると、「ああ、嫌だな。汚いな」と思ってしまいますね。

私たちが水まわりを使うときに、次に使う人のことを考え、自分が汚した水滴をきれいに拭き取り、使った人に「あれ、今掃除したばかりなのかな?」と思わせるくらいの状態にしておくと、次に使った人も汚く使うことはできなくなります。そこで、よいおこないの連鎖、つまりいいことの連鎖が起きてきます。それが巡り巡って自分に返ってくるから、どんどんいいことが起こってくるのです。

ですから、流しの水滴は拭きとり、蛇口は毎日使うたびにピカピカに磨いてきれいにしておきましょう。台所の床は水拭きしておきます。

なお、流しに洗い物をためておくのは、運気を落とすことにつながります。生ゴミなどもためずにこまめに捨てるようにしましょう。

寝室

運気は寝ている間に養われる

おすすめアイテム

恋愛運アップ…東にガーベラなどの赤い色の花、東南にガーベラなどピンク色の花
子宝運アップ…南にアジアンタム、東にザクロ

休むこと、つまり寝ることは人にとって重要です。

なぜ寝ることが重要なのかというと、寝ることも心身の「御禊祓い」になるからです。いやなこと、悔しいこと、悲しいことなどがあっても、人は寝ることで、翌朝になると忘れてしまいます。

人は、楽しい気持ちの状態で寝ると、魂が楽しい星、明るい星、まぶしい星など、いろいろな星に行ったりしているのだそうです。反対に、暗い気持ちの状態のまま寝ると、暗い星に行ってしまいます。

たとえば怒りの気持ちの状態で寝ると、怒りの星に行ってしまいます。そこは、一年中ケンカや小競り合いをしている修羅の世界です。休むつもりで眠っているのに、こ

れではちっとも休まりません。

そう考えると、楽しい星、明るい星に行ったほうがいいと思いませんか？　毎日楽しい気持ち、嬉しい気持ちで過ごしていて、その気持ちのまま、楽しい状態のまま寝ると、楽しい星、嬉しい星に行けるようになります。寝てから、皆さんがそれらの星に行って見たことが「夢」となるのでしょう。なので、翌朝になると嫌なことも忘れてしまうのです。

ただし、寝室の隅にホコリやチリや不要品が溜まっていると、その日に見る夢はあまりいい夢ではなくなってしまいます。だからこそ、寝室は毎日きれいにしていなくてはいけません。

シーツはできましたら毎日取り替えるといいでしょう。少なくとも二〜三日に一回は取り替えて、洗濯しましょう。また、寝ることが禊であるならば、枕カバーにはその日の悲しさ、怒り、寂しさ、わびしさなどが穢れとなってベットリ付いていますから、毎日取り替えましょう。

寝室の床はもちろん毎日掃きます。床に髪の毛やホコリや汚れがついていると、床

・寝室のお掃除の作法・

ベッドを選ぶときは日本製にすると土地のパワーをいただける
東にガーベラなどの赤い花、東南にガーベラなどのピンクの花を置くと恋愛運がアップ
シーツは二、三日に一度は洗濯する
南にザクロやアジアンタムを置くと子宝運がアップ
枕の向きは南、東、または南東にする。枕カバーは毎日取り替える

が息をすることができません。床が息をできないということは、気の流れが濁りますので、そこで寝ている人も息苦しくなり、運気も停滞してしまいます。掃除機などをかけて、そのあと濡れ雑巾で拭き掃除もするといいでしょう。

寝具についても説明しますと、これからベッドを購入するのでしたら日本製のベッドのほうがいいですね。

日本に住んでいるということ、日本で暮らしているということを考えると、日本製のものを使ったほうがパワーがつきます。なぜなら、日本で取れた材質は、その土地からのパワーを吸収しているからです。使っているうちにそのパワーまでもいただくことができるので、翌日はなんだか元気になっています。

もうひとつ、寝るときの枕の向きも大切です。枕の向きは、南や東や南東がいいのです。

金運を得たいときに、西向きの枕でお休みになる人もいます。また、冷静になりたいときに北向きの枕でお休みになる人もいます。でも、健康でなければ何ごとも達成することはできません。ですから、日頃から健康の方位、仕事運の方位である東や南東に枕を向けるといいというわけです。

ちなみに南は位の高い方位で、「君子南面《くんしなんめん》」といいます。神棚も神札も、最上の方位の南向きにして設置をするのはそのためです。

浴室・洗面所

穢れを落として心と体をリセットする

おすすめアイテム
ピレアなどの緑の観葉植物

お風呂は、一日の疲れを取る場所として重要です。その日の嫌なこともシャワーで洗い流しますと、心まで洗われたような気分になります。

だからこそお風呂は大切に、また、きれいにしておかなくてはいけない場所なのです。

神さまからの視点で見ても、お風呂は大切な場所です。それは、日本最古の神話であり、日本最古の歴史書でもある『古事記』を見ればわかります。

前にも述べましたが、『古事記』の中で、妻、伊邪那美命《いざなみのみこと》に会いに黄泉の国に行った伊邪那岐命が黄泉の国から逃げ帰ったとき、「吾はいなしこめしこめき穢《きたな》き國《くに》に到りてありけり。故、吾は御身の禊為《みそぎな》む」といいます。

神さまの時代の言葉って難しいですね。何をいっているのか簡単にいいますと、「私は、死者のいる穢れのある黄泉の国に行ってしまった。そのために私の身が穢れてしまったので、今からすぐに水で身を清めなければいけない」という意味です。その後に、伊邪那岐命は禊水の中で禊をするのでした。

日本人特有の温泉やお風呂の湯船に入って、「生き返るな〜」というセリフは、まさにこのよみがえり、生き返りの行為ですね。お風呂は大切な「御禊祓い」の場所であり、だからこそよみがえる、生き返るために、再生するために欠かせない場所なのです。

お風呂には健康に直結した神さまがいらっしゃいます。また風水的に見ても、お風呂は体と健康に直結している場所ともいえます。

ですから、伊邪那岐命が水に入って「御禊祓い」をしましたように、皆さんも時間

・浴室・洗面所のお掃除の作法・

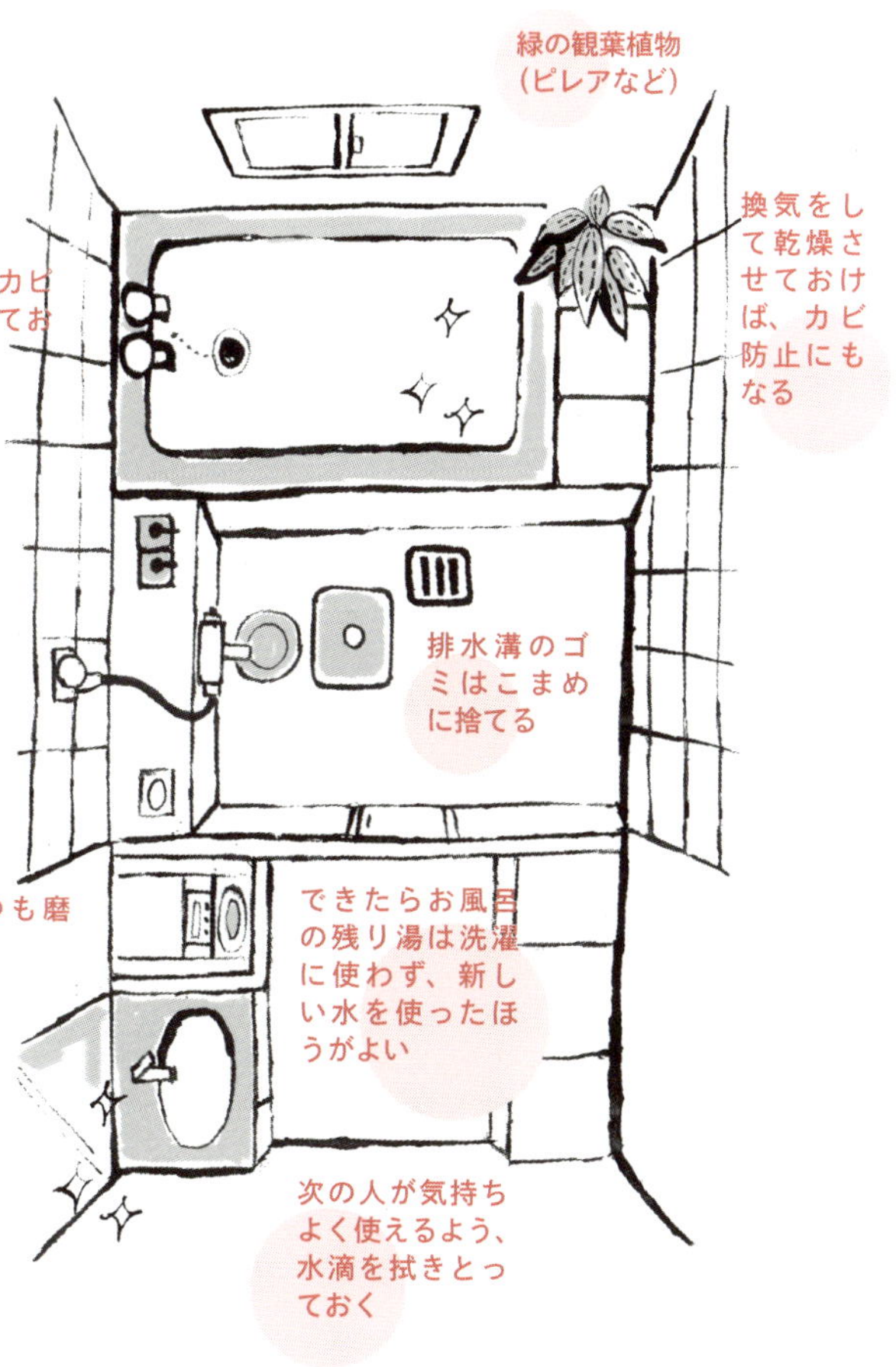
緑の観葉植物
（ピレアなど）
換気をして乾燥させておけば、カビ防止にもなる
蛇口はピカピカに磨いておく
排水溝のゴミはこまめに捨てる
鏡はいつも磨いておく
できたらお風呂の残り湯は洗濯に使わず、新しい水を使ったほうがよい
次の人が気持ちよく使えるよう、水滴を拭きとっておく

があるときは、シャワーだけではなく、湯船に入ってくださいね。
そんな大切なお風呂をお掃除するときは、あまり傷つかない掃除道具や洗剤を使って浴槽や床を磨いてください。

さらにお風呂の鏡も重要です。お風呂の鏡は特に曇りやすいのですが、神社では鏡が重要だとお話ししたように、禊をするお風呂の鏡も同様に大切にしなければいけません。

水垢も落ちるスポンジがありますので、そのスポンジを使ってきれいに鏡を磨いてください。磨いたら乾いたタオルや雑巾できれいに拭き取ってくださいね。
そして、お風呂を使ったあとは、使用していた換気扇を切らずに、しばらく換気をよくしておいてください。外出中もしっかり換気すれば、カビなども防ぐことができます。要するに水滴は残さないようにしておいたほうがいいのです。お風呂に入浴するときも換気扇のある浴室でしたら、換気を忘れないようにしてご入浴ください。

洗面所は、いつも蛇口をピカピカに磨き、水滴を拭き取っておきましょう。自分が使い終わった洗面台の水道の蛇口をピカピカにする。これは、海上自衛隊の習わしだそうで、旧日本海軍時代から伝わっているそうです。ちなみに海軍の制服は白でしたね。身だしなみの清潔さは、心の清潔さをあらわしているのでしょう。

プロゴルファーの石川遼さんは、子どもの頃からの父親の教育で、トイレに入ったとき、自分が手洗いで使った洗面台はもちろん、自分が使っていないほかの洗面台まで、水滴ひとつないほどきれいにするそうです。すばらしい教育ですね。そういった教育が、他人を思いやる謙虚な姿勢という、誰からも好かれる人格を形成していったのでしょう。

他人に迷惑をかけないような、他人を嫌な気持ちにさせないようなお掃除をしている人、神さまはそういう人が好きなのです。だから、そういう人は神さまとつながることができるのですね。

窓・ベランダ・庭

神さまのお使いを招き入れる

おすすめアイテム

ポトス、アルストロメリア、バラ（ピンク・赤・白・黄色）、ゴールドクレスト

神さまは玄関から入ってくるといいました。

では、神さまのお使いはどこから入ってくるのでしょうか？　実は、窓を通して庭やベランダから入ってくるのです。

「カギがかかっている窓からどうやって入るの？」なんて思われるかもしれませんが、神さまのお使いは壁から家に入らずに、窓から入ってきます。

でも、日頃から窓が曇っていると、神さまのお使いは、どこが窓かわからないので、家に入ってくることができません。

窓は、毎日洗剤などを使って磨いて、乾いた雑巾で拭いてピカピカにしておいてください。また、新聞紙をクシャクシャにまるめ、霧吹きで少し濡らして窓を磨くと、洗剤なしでもピカピカになりますよ。

・庭・ベランダのお掃除の作法・

庭にはバラなどの花を植えたり、ゴールドクレストの鉢植えを対で置くとよい
草取りして芝を刈っておく
窓のそばに花を飾るのもよい
カーテンは定期的に洗ってきれいにしておく。カーテンの色は、南向きの窓なら緑色、東向きなら赤色、西向きなら黄色、北向きなら白がおすすめ
神さまのお使いが入ってこられるよう、窓ガラスはピカピカに磨いておく。網戸もきれいにするのを忘れずに

窓ガラスだけでなく、カーテンも定期的に洗濯しておきましょう。

なかには、ベランダや庭からやってくる神さまのお使いがいます。その理由として、庭やベランダには花が咲いていることが多いからです。

人は花を見ていると「きれいだな」と癒されますね。花はその美しさで無償に人を癒してくれているのです。人が見て美しいな、きれいだな、いい香りだな、という花は、神さまや神さまのお使いだって好きに決まっています。その花が咲いている庭やベランダに咲いている花を目指して、神さまのお使いが飛んでくるのです。花というのは、それほどのパワーを持っているのです。

だからこそ、庭やベランダを毎日きれいにお掃除をして、神さまのお使いを迎え入れましょう。窓のそばにきれいな花を飾るのもおすすめです。

押入れ・納戸・クローゼット
「見えないところだから」と手を抜かない

子どもの頃、いたずらや悪さをすると、「反省しなさい!」と、なぜか押入れや納戸

・押入れ・納戸・クローゼットのお掃除の作法・

物を詰め込みすぎず、二割ほど余裕をもたせる

二、三年着ていない服は捨て、新しくすることで、心も体も若返る

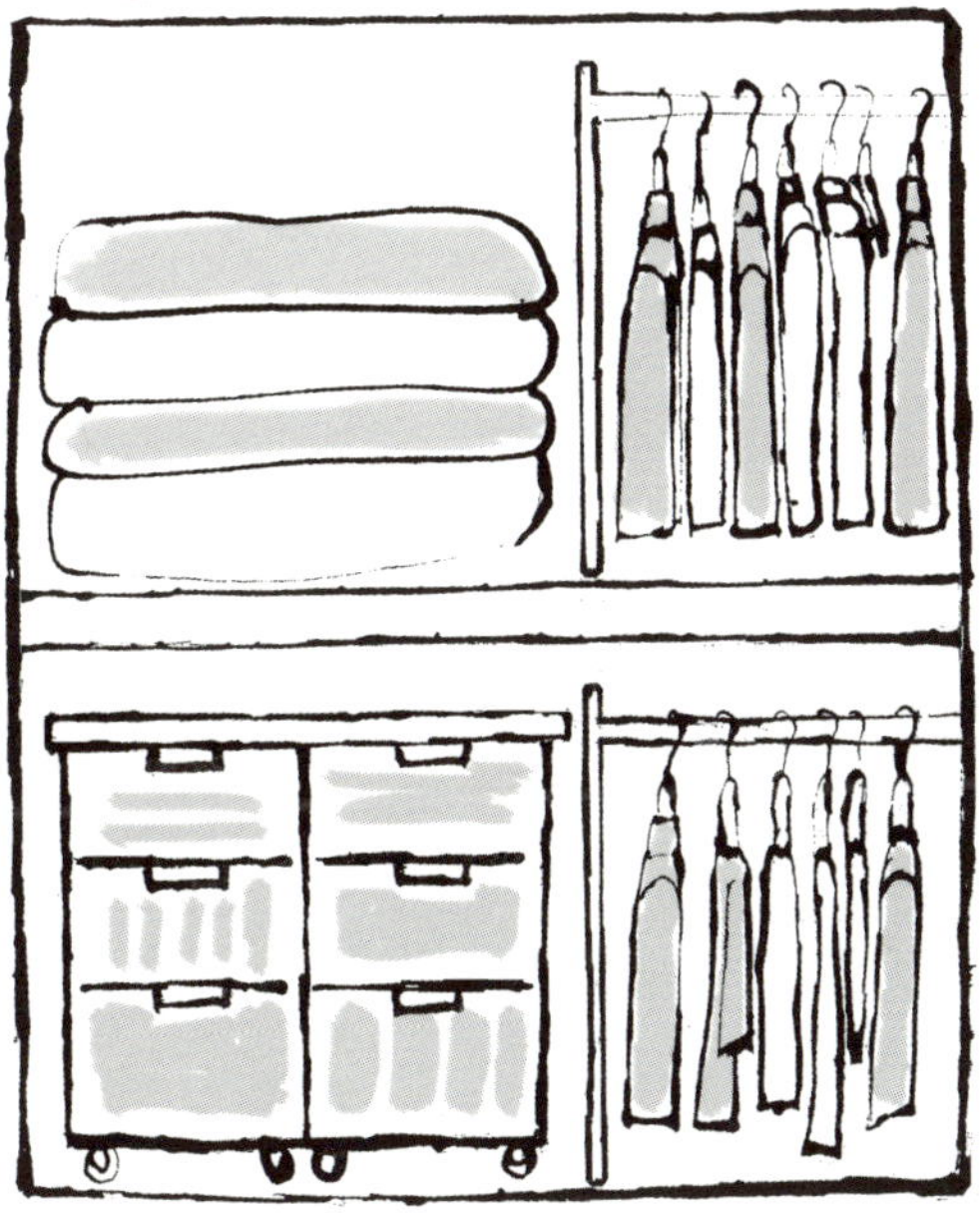

キャスター付きにすると、奥に物が入っているときでも取り出しやすく便利

天気のいい日には扉を開けて風を通すと、湿気対策になる

に閉じ込められたりした方も多いと思います。

押入れは、「押して入れる」から押入れなのでしょう。でも、なんでも「押して入れて」いいわけではありません。納戸も「納める場所」だからと、なんでも入れて納めていればいいわけではありません。

戸を閉めて見えないからと何でも押入れや納戸に入れてしまう人がいますね。開けるとドサッと下着が押入れから飛び出してくるマンガがありましたが、あれではダメです。

なぜなら、押入れや納戸は息をしているからです。物で押し詰め状態にしてしまいますと、息ができなくなってしまいます。押入れや納戸は呼吸をしているということは、ここにも呼吸をしている神さまがいらっしゃるということです。

怒って反省させる意味で暗い押入れや納戸の中に子どもを入れることから見ても、押入れや納戸には子どもに関する神さまがいらっしゃると思ったほうがよいでしょう。実際、押入れや納戸をきれいにするようになったら子宝を授かったとか、子どもの学力が上がった、なんていうことも聞きます。

また、「話を収める」という言葉のように、押入れや納戸をきれいに掃除して余計なものを入れないようにしたら、話がまとまりやすくなったとか、うまくいっていなかった話もいい話となって収まったという人も結構います。

何度もいいますが、なめてはいけないのが押入れや納戸などの収納スペースです。

収納スペースは、お掃除というより整理整頓の要素が強い場所です。そのスペースいっぱいに物を入れようとすると、出し入れも大変ですし、入れている物も傷んでしまうことがあります。

収納スペースを整理する際は、物とのつきあい方を見直し、不要なものは思い切って捨てることも必要です。クローゼットの中に、何年も着ていない服が眠っていませんか？　三年袖を通していない服は、思い切って捨ててしまいましょう。

前にも述べたように、物を新しくすることは、新しい気を取り入れることにつながります。インテリアや家電だけでなく、服や下着、靴下、靴、鞄といった身につけるものも、新しい物に替えてみてはいかがでしょうか？

会社編

デスクの上

電話や手帳の位置で差がつく！

おすすめアイテム

部長のデスク…ひまわり

営業職…カラジウム、シンゴニウム

女性のデスク…ミニバラ

会社のデスク、つまり机の上は毎日、デスク用雑巾で拭いてください。

デスクの上に何を置くかも大切です。社内電話や携帯電話はデスクの東側に置いてください。風水では、新しい仕事や新しい情報は、東方位からくるといわれます。手帳もデスクの東側に置いてみてください。この方法を試したとたん、大きな仕事の受注が入ってびっくりしたという人もいます。

デスクで作業するとき以外は、電話や手帳以外の余計なものはデスクの上に置かないほうがよいでしょう。また、退社時には、電話とパーソナルコンピュータ（デスクトップパソコン）以外は机の上にないようにし、書類などは引き出しに入れてお帰りください。

引き出しの中

単なる物入れではなくアイデアを温める場所

デスクの引き出しの中には、必要書類だけ入れるようにしてください。

余計な物を入れていると、年末の大掃除のときに提出期限を過ぎた、自分が立て替えたままのレシートや領収書が出てきたり、取引会社に請求しなければいけなかった請求書が出てきたりします。整理整頓はお金のロスを防ぐ意味でも大切なのです。

会社のデスクの引き出しは、アイデアを引き出すための資料や書類を入れておく引き出しと考え、進行表や企画書、その他関連する資料を入れておきましょう。

そして、できましたら、退社するときは引き出しにカギをかけてから帰りましょう。

引き出しの中はアイデアなどを温める場所でもあるからです。

新しい書類は自分のデスクの引き出しなどに入れておきますが、すでに終わった仕事や企画書などはどうすればいいのでしょうか？

これらはデスクからすべて出してファイリングし、仕事をした年月日を書いて書棚などに保管してください。ある程度の年数が過ぎましたら、データ化してください。

長く古い書類をそのまま置いていますと、成功したものの場合はまだいいのですが、失敗したものの場合、そのときのその人たちの悔しさや苦しさ、後悔の念まで書類にして残していることになってしまいます。

ですから、古い書類はなるべく早くデータ化して、そういう念を断ち切ったほうがいいのです。

名刺の管理

名刺はただの紙ではない。その人の分身

取引先やよく行くお店など、ご縁ができた方との名刺は、名刺ホルダーに整理している人がほとんどだと思います。会社ごとに揃えたり、業者ごとに分けたりするのもよいでしょう。

・ デスクまわりのお掃除の作法 ・

パソコンは画面も
キーボードも常に
きれいにしておく。
そばにはポトスを
置くとよい
電話や手帳を東側
に置くと、新しい
仕事がどんどん入
ってくる
観葉植物
外出時、引
き出しにカ
ギをかけて
おくとよい
机の中には今
必要な書類だ
けを入れる
終わった仕事の書類は
ファイリングして書棚
に移すかデータ化する
名刺は生き物。五年以上
取引がない相手は、別
の名刺ホルダーに移す

名刺を名刺ホルダーに入れるときは、名刺の向きをすべて同じ向きにしておくとよいですよ。名刺の向きをバラバラにして入れますと、仕事の内容や仕事の話もバラバラになってしまいます。ただし、五年以上取引をしていない方の名刺は別のケースなどにあいうえお順やAからZ順にしまっておくとよいでしょう。

覚えておいていただきたいのは、「名刺は生き物」だということです。

名刺には、「なんとかお願いします」とか、「絶対あなたと取引きしたい」「あなたと知り合いになって縁を結びたい」といった念が入っています。

そういった意味で、名刺はその人の念が入った「分魂《わけみたま》」のようなものなのです。その人を思い、大切に保管しておきましょう。

パソコン

あなたの「仕事力」があらわれる

おすすめアイテム

ポトスなどの観葉植物

今や会社内で作業をする際の必需品となったパソコンですが、パソコンの画面が汚れていると仕事もはかどらないし、パソコン持参での商談やプレゼンでも、印象は悪くなります。

画面の汚れだけでなく、手垢や食べながらパソコン作業をしたときの食べこぼし、飲み落としあとや指紋のあとなどが付いていましたら、取引先、プレゼン先、上司や社長がそのパソコンを見た瞬間、「この人は仕事ができる」とは見てくれないでしょう。

人の印象というのは、その人をはじめて見たときの印象が好印象か悪印象かで、長く続いてしまいます。その後、相手の印象が変わることもありますが、第一印象を覆すのはなかなか大変なものです。ということは、会社や仕事の中で、その人が使うパソコンが汚ければ、その人の仕事の力量も同等と判断されてしまうのです。

またパソコンは精密機器ですから、ホコリや汚れが原因で不具合が起きてしまえば、急にキーボードが動かなくなったり、再起動できなくなったり、今まで時間をかけて作成したデータがすべて消滅しまう、といったことも起こりかねません。

ぞんざいに扱えば、それが自分に返ってきます。パソコンも名刺同様、「生き物」なのです。

トイレ

会社や出先で使うトイレまできれいにする

おすすめアイテム ディフェンバキアなどの観葉植物

トイレ掃除がどれほど大切かは、これまで何度かお話ししてきました。経営の神さま、松下幸之助氏が自社松下電機の営業所をまわり、その都度必ず営業所のトイレを見てまわったように、会社のトイレのきれい、汚いは、不思議と営業成績につながってくるのです。

その理由は、基本的にトイレ掃除をしていると健康になり、女性はきれいになるからです。

医学的に解明できているわけではないのですが、統計的に見ますと、毎日トイレ掃除をしている人は、健康になっていることが多いのです。そう考えますと、

毎日トイレ掃除をするから体が健康になる

↓

体が健康になるからこそ、いい笑顔でいい営業ができる
←
いい営業ができるからお客様が喜び売上が倍増する
←
売上が倍増するから会社の業績も上がる

ということになります。

売上を伸ばした社員は給料も上がり昇進もしますから、会社にとっても社員にとってもいいことづくめです。この法則は、法人事業者も個人事業者も同じです。

ここで、さらに運気を上げる法則をご紹介しましょう。

取引先の会社のトイレをお借りしたときも、トイレをきれいに使わせていただくと、不思議と取引先との関係がよくなるのです。

会社だけではなく、出張で宿泊した旅館やホテルのトイレを利用したときにもトイレをきれいに使いますと、不思議なことにその仕事は順調になるのです。

そのことを知っていて、トイレ掃除を実践している成功者の方は、とても多いですね。ある女性社長さんは、自分の会社の女子トイレはもちろん、男子トイレまでお掃除しているそうです。そして、お掃除するのが楽しくてたまらないといいます。

自分や家族が使うからと我慢してトイレ掃除をしているのに、見ず知らずの他人が使ったところまできれいにするなんて、と抵抗を感じる方もいるかもしれません。

しかし、だからこそ「人のため」に行動する人が大好きな神さまの心を動かすことができるのです。

会議室

いつでも使えるように整えておく

おすすめアイテム　ディフェンバキア、パキラなどの観葉植物

「会社」という字は「社」で「会」う、と書きますね。もともと「社」とは、「もり（社）」であって、神社のことなのです。

たくさんの人が集って会う場所、同じ目的や同じ理念を持ってひとつのことを成し

遂げること、世のため、人のために尽くすこと、社会に貢献すること――これこそが会社の最高の理念なのです。

ちなみに、「示」へんがつく字は、ほとんどが神さまに関することです。神代の時代には神々が集い、日本をどうするか、「神議《かむはかり》」といって、会議をしたのです。

話を戻しますと、会社の重要な仕事の方針を話すのは会議室。会議をしない日でも、ホワイトボードに前の会議の書き残しはないかなど確認して、いつでも使えるように保っておきましょう。

また、会議室には前の会議の念がホコリやチリとともに残っていますので、毎日掃除機などでホコリやチリを掃き出し、モップや雑巾掛けをしておきましょう。

こうしておけば、緊急会議のときでも神「社」のように清々しく過ごすことができます。

コラム

なぜ、年末に大掃除をするのか

毎日のお掃除も大切ですが、同様に大切なのが、年末の大掃除です。

普段の生活の中で、人間は知らず知らずのうちに罪や穢れをつくってしまいます。つまり「気が枯れ（穢）」てくるから、神社神道では半年、半年で罪や穢れを祓う儀式を執りおこなうのです。

神社で藁《わら》で編んだ大きな輪を見たことがあると思いますが、それが、六月の晦日《みそか》と十二月の大晦日におこなわれる「茅《ち》の輪《わ》くぐり行事」です。「大祓《おおはらへ》」といいまして、古代以来、宮中で六月・十二月におこなわれていた重要な行事であり、大切な神事です。

日本人が年末に大掃除をするようになったのは、この知らず知らずのうちに積み重ねた罪や、たまりにたまった穢れを祓うためだといわれています。

さらには、新年には新しい守り神さまが家を訪れますから、新年に新しい神さま、つまり「歳神さま」やご先祖さまを家に迎え入れるためにお掃除をして、きれいな状態で新しい年の神さまを迎え入れるのです。

神社の「大祓」では「大祓詞」を神さまに奏上します。大祓詞の祝詞の終わりに、「祓へ給ひ清め給へ」といいます。前にも述べましたように、お掃除をする際にこの詞を唱えますと、心も一緒に掃除されているようで、心身ともに清められます。

「よし、年末の大掃除をするぞ！」というときは、「大祓詞《おおはらへのことば》」という、一年間にたまった罪、穢れを祓う祝詞《のりと》を唱えるといいでしょう。思いのほか大掃除がはかどり、身も心もスッキリすること請け合いです。

「大祓詞《おおはらへのことば》」

高天原《たかまのはら》に神留《かむづま》り坐《ま》す　皇親神漏岐《すめらがむつかむろぎ》　神漏美《かむろみ》の命以《みこともち》て　八百萬神等《やほよろづのかみたち》を神集《かむつど》へに集《つど》へ賜《たま》ひ　神議《かむはか》りに議《はか》り賜《たま》ひて　我《あ》が皇御孫命《すめみまのみこと》は　豊葦原水穂國《とよあしはらのみづほのくに》を　安國《やすくに》と平《たひら》けく知《し》ろし食《め》せと　事依《ことよ》さし奉《まつ》りき　此《か》く依《よ》さし奉《まつ》りし國中《くぬち》に　荒振《あらぶ》る神等《かみたち》をば　神問《かむと》はしに問《と》はし賜《たま》ひ　神掃《かむはら》ひに掃《はら》ひ賜《たま》ひて　語問《ことと》ひし磐根《いはね》　樹根立《きねたち》　草《くさ》の片葉《かきは》をも語止《ことや》めて　天《あめ》の磐座放《いはくらはな》ち　天《あめ》の八重雲《やへぐも》を伊頭《いづ》の千別《ちわ》きに千別《ちわ》きて　天降《あまくだ》し依《よ》さし奉《まつ》りき　此《か》く依《よ》さし奉《まつ》りし四方《よも》の國中《くになか》と　大倭日高見國《おほやまとひだかみのくに》を安國《やすくに》と定《さだ》め奉《まつ》りて　下《した》つ磐根《いはね》に宮柱太敷《みやばしらふとし》き立《た》て　高天原《たかまのはら》に千木高知《ちぎたかし》りて　皇御孫命《すめみまのみこと》の瑞《みづ》の御殿仕《みあらかつか》へ奉《まつ》りて　天《あめ》の御蔭《みかげ》　日《ひ》の御蔭《みかげ》と隠《かく》り坐《ま》して　安國《やすくに》と平《たひら》けく知《し》ろし食《め》さむ國中《くぬち》に成《な》り出《い》でむ天《あめ》の益人等《ますひとら》が　過《あやま》ち犯《をか》しけむ種種《くさぐさ》の罪事《つみごと》は　天《あま》つ罪《つみ》　國《くに》つ罪《つみ》　許許太久《ここだく》の罪出《つみい》でむ　此《か》く出《い》でば　天《あま》つ宮事《みやごと》以《も》ちて　天《あま》つ金木《かなぎ》を本打《もとう》ち切《き》り　末打《すゑう》ち断《た》ちて　千座《ちくら》の置座《おきくら》に置《お》き足《た》らはして　天《あま》つ菅麻《すがそ》を本刈《もとか》り断《た》ち　末刈《すゑか》り切《き》りて　八針《やはり》に取《と》り辟《さ》きて　天《あま》つ祝詞《のりと》の太祝詞事《ふとのりとごと》を宣《の》れ

此《か》く宣《の》らば　天《あま》つ神《かみ》は天《あめ》の磐門《いはと》を押《お》し披《ひら》きて　天《あめ》の八重雲《やへぐも》を伊頭《いづ》の千別《ちわ》きに千別《ちわ》きて　聞《き》こし食《め》さむ　國《くに》つ神《かみ》は高山《たかやま》の末《すゑ》　短山《ひきやま》の末《すゑ》に上《のぼ》り坐《ま》して　高山《たかやま》の伊褒理《いぼり》　短山《ひきやま》の伊褒理《いぼり》を掻《か》き別《わ》けて聞《き》こし食《め》さむ　此《か》く聞《き》こし食《め》してば　罪《つみ》と云《い》ふ罪《つみ》は在《あ》らじと科戸《しなど》の風《かぜ》の天《あめ》の八重雲《やへぐも》を吹《ふ》き放《はな》つ事《こと》の如《ごと》く　朝《あした》の御霧《みぎり》　夕《ゆふべ》の御霧《みぎり》を　朝風《あさかぜ》　夕風《ゆふかぜ》の吹《ふ》き拂《はら》ふ事《こと》の如《ごと》く　大津邊《おほつべ》に居《を》る大船《おほふね》を　舳解《へと》き放《はな》ち　艫解《ともと》き放《はな》ちて　大海原《おほうなばら》に押《お》し放《はな》つ事《こと》の如《ごと》く　彼方《をちかた》の繁木《しげき》が本《もと》を　焼鎌《やきがま》の敏鎌《とがま》以《も》ちて　打《う》ち掃《はら》ふ事《こと》の如《ごと》く　遺《のこ》る罪《つみ》は在《あ》らじと　祓《はら》へ給《たま》ひ清《きよ》め給《たま》ふ事《こと》を　高山《たかやま》の末《すゑ》　短山《ひきやま》の末《すゑ》より　佐久那太理《さくなだり》に落《お》ち多岐《たぎ》つ速川《はやかは》の瀬《せ》に坐《ま》す瀬織津比賣《せおりつひめ》と云《い》ふ神《かみ》　大海原《おおうなばら》に持《も》ち出《い》でなむ　此《か》く持《も》ち出《い》で往《い》なば荒潮《あらしほ》の潮《しほ》の八百道《やほぢ》の八潮道《やしほぢ》の潮《しほ》の八百會《やほあひ》に坐《ま》す速開都比賣《はやあきつひめ》と云《い》ふ神《かみ》　持《も》ち加加呑《かかの》みてむ　此《か》く加加呑《かかの》みてば　氣吹戸《いぶきど》に坐《ま》す氣吹戸主《いぶきどぬし》と云《い》ふ神《かみ》　根國《ねのくに》　底國《そこのくに》に氣吹《いぶ》き放《はな》ちてむ　此《か》く氣吹《いぶ》き放《はな》ちてば　根國《ねのくに》　底國《そこのくに》に坐《ま》す速佐須良比賣《はやさすらひめ》と云《い》ふ神《かみ》　持《も》ち佐須良《さすら》ひ失《うしな》ひてむ

此《か》く佐須良《さすら》ひ失《うしな》ひてば　罪《つみ》と云《い》ふ罪《つみ》は在《あ》らじと　祓《はら》へ給《たま》ひ清《きよ》め給《たま》ふ事《こと》を　天《あま》つ神《かみ》國《くに》つ神《かみ》　八百萬神等共《やほよろづのかみたちとも》に　聞《き》こし食《め》せと白《まを》す

第三章

神さまに好かれる人になる毎日の習慣

空間だけでなく、心や体にも「お掃除」が必要です

前章までは、部屋という空間を清めることで、幸せの神さまとつながるお掃除についてお話ししてきました。

「清める」ときには、空間だけでなく、お掃除をする私たちの心と体も同時にきれいにすることが大切です。

前にも少しお話ししましたが、**人間には日常生活の中で、「知ってつくってしまった罪」と、「知らずにつくってしまった罪」とがあります。**

「知ってつくってしまった罪」とは、物を盗んだり、わざと人を傷つけるといった、あえて実行してしまう罪。

「知らずにつくってしまった罪」とは、愚痴《ぐち》や悪口をいったり、心の中で悪いことを

考えたり、弱気になったり、しかめっ面をしていたり、消極的だったりと、知らないうちにつくってしまう罪です。

この「知らずにつくってしまった罪」というのは、自分でも罪と意識していないだけに厄介です。自分では、その人のためによいことをしたと思っているけれど、結果的に悪いことになってしまった場合なども、罪となってしまいます。

そうすると、どんどん気《き》が枯《か》れてきます。つまり、穢《けが》れてくるのです。

罪、穢れを身に付けた状態でお掃除しても、なかなかはかどりません。たとえお掃除ができたとしても、その部屋、場所の空間の気がよどんだままになっているかもしれません。

これに気づくには、どうしたらいいのでしょうか？

普段からどういう行動をしているか、どういう言動をしているか、どこに行っているのか、どういう人と会っているか、どのような身だしなみをしているのか――自分自身を振り返ってみることです。

普段から弱い者いじめをしたり、他人のものを横取りしたり、浮気をしたり、不倫をしたり、他人に迷惑をかけたりしている人は、罪、穢れがあるので、お掃除をしても気の悪さが残ります。

いじめられている人や悲しい思いをしている人も、魂が削られているのでよろしくありません。愚痴や不平不満、他人の悪口をいうなど、普段の言動が悪いのも同じです。

また、普段から、ネオン街や風俗街などに行っていると、悪い気をもらってしまいます。また、トラブルがよく起こる場所に行ってしまいますと、トラブルの気をもらってしまうのでよくありません。不思議と、トラブルが起きる場所には因縁があるものです。

罪、穢れを祓うには、こういったことをしない生活を心掛けることが大切です。そのうえで、神社に参拝することです。

神社の神さまは、私たちに多くのことに気付かせてくれるでしょう。

お風呂はその日の穢れを落とす「自分のお清め」

日本の昔からの言葉に、「水に流す」という言葉があります。

日本人は昔からあとあとに遺恨《いこん》にならないようにお互い話し合って「嫌なことは水に流すように忘れましょう」という民族性があります。

また、第二章でも述べたように、神道では水は邪気を祓う霊力があると信じられています。

伊勢の神宮には五十鈴川があり、神宮を参拝させていただく前に、皆五十鈴川で禊をしたのです。また、神社の前にある池を御手洗《みたらし》といって、神社の参拝をする前に、御手洗池で禊をしたのでした。

現在も、神社で、左手、右手、口をすすぐ、「手水舎」があるのも、その禊のなごりで禊を簡略化したものなのです。

前に述べたように、穢き國（黄泉の国）に行ってしまった伊邪那岐命が橘の小門の阿波岐原で御禊祓いをしたことから、「御禊祓い」の文化は生まれたとされます。伊邪那岐命は橘の小門の池の水で、自分の体を清め、そのとき現在の伊勢の神宮の神、天照大御神をはじめ、多くの神々が生まれました。

『古事記』の中にあるこの「御禊祓い」を現代の生活の中に置き換えますと、生活や仕事の中で嫌なことがあったり、傷付けられたり、失敗したり、後悔したりしている状態を、入浴によって、「水に流す」ということになるのでしょう。

日々起こる雑多なことは、シャワーだけでは落ちませんから、湯船に入って入浴するとよいです。**日常生活で知らず知らずのうちに身に付いた邪気は、入浴をすることで御禊祓いと同様、浄化することができるのです。**

また、邪気は髪の毛に付きやすいので、髪の毛もシャンプーなどでちゃんと洗い流しましょう。

また、疲れたとき、つらいことや悲しいことがあったときには、粗塩をひとにぎり湯船に入れて入ってみてください。邪気が取れて、疲れや嫌なこと、悲しいことが見事に消えていきます。だから、そのあとにぐっすりと眠れるのです。

ちなみに「疲れる」とは、「憑《つ》かれる」からくる語源ともいわれます。物ノ怪に憑かれるから、「憑かれる＝疲れる」ということになるのです。

なお浄化をするために入浴するときには、忘れずに換気もしましょう。

早寝早起きするだけで、運気が上がる！

昔から、「早起きは三文の徳」といわれます。昔と比べると、現代の夜はいろいろな娯楽もあって、寝ることを忘れて物事に撤してしまう人も多いようです。

でも、何も重要な用事がなければ、早めに寝ましょう。

「夜は、いろいろなこと考えて眠れません」なんていう人もいるでしょう。なかには、「今晩中にあの人にこれだけはいってやりたい」なんていう人もいます。そんなとき、夜中に電話したらどうなるでしょうか？　それは、間違いなく取り返しがつかない話になって、お互いよくない結果になるでしょう。

夜中には、邪気、邪霊が空間を飛んでいるといわれます。そのほとんどは、寝た人や起きている人から放たれる怒り、怨念、執念、執着の念です。

夜中の電話や夜中に決着しようとすると、それらのよくない念にやられて、翌朝話したらうまく収まっていただろうことも、収まりきれなくなってしまうのです。

御禊祓いの霊力を持っているものは、水だけではありません。寝具のお話のときに触れたように、**「ぐっすり寝る」ということも、御禊祓いになるのです。**傷ついた動物も、「寝る」ということで、傷を治癒させますが、人間も同じことです。

運がよくなりたいと思っているなら、早めに寝るのが一番です。早めに寝れば、翌日も早めに目を覚ますことになるでしょう。

そして、早朝の神社参りをしてみてください。なぜなら、神社に参拝させていただく最良の時間帯は午前中だからです。

一日のはじまりには、産土《うぶすな》神社を参拝されることもおすすめいたします。

産土神社とは、皆さんの生まれた土地にいる「産土神《うぶすながみ》」をお祀りしている神社のことです。お宮参りや七五三などで詣でた神社ということですね。現在は生まれた土地を離れているという方は、自宅や会社の近くの神社を新たな産土神社としてお参りするようにしてください。

実は、**皆さんの日頃のお願いを一番聞いていただける神さまこそが、産土神なのです**。ですから、産土神社には日頃から顔を出してくださいね。

理想の参拝は毎日です。これこそが、神さまに好かれる人になる習慣です。毎日の参拝が大変であれば、毎月の一日か一五日に参拝するようにしましょう。

心と体を清める食事

体のお清めということでは、普段食べる食事も重要です。

神社では、重要なお祭りの前には、四足歩行の動物（牛、豚等）を食べることを控えます。神道では四足歩行（牛、豚）の肉食をすると穢れると考えているからです。神社の神饌《しんせん》に鶏肉は献饌されますが、牛肉や豚肉を供えることがないのはそのためです。

特に一三〇〇年以上の歴史を持つ伊勢の神宮では神職全員、重要なお祭りの一〜三日前には肉食を控えます。最重要の大きなお祭りのときは一カ月前から肉食を控えるのです。その期間、心と体を浄化して、お祭りの当日に神さまに奉仕をさせていただくのです。

一般社会で働き生活をしている皆さんの場合、ここまでする必要はないかと思います。ただし、添加物が入った加工食品などは、とりすぎると体にもよくありませんから、なるべく避けるようにしたほうがいいでしょう。そうして、野菜や果物、魚や肉など、なるべく自然に近いものを食べるようにすることです。

私たちが普段食べる物が、心や体の穢れにも影響するということを知っておきましょう。

言葉には私たちが思う以上の力がある

日本人は昔から、人が発する言葉には霊力があると信じて生きてきました。

歌人の柿本人麻呂は『万葉集』に「敷島《しきしま》の大和《やまと》の國《くに》は言霊《ことだま》の幸《さき》はふ國ぞ　真幸《まさき》くありこそ」と詠っております。

「いいことも悪いことも口に出してしまった瞬間に、その通りに現実になってしまう。日本人の言霊はそれほど霊力のあるもので、いい言葉を考えて話をしなくてはいけない」

ということです。

「話す」という言葉は、「離す」に通じるともいわれます。大事なこと、どうしても達成させたいこと、成功させたいことは、他人に話すと「離して」しまうので、達成するまで、成功するまで、話（離）さないほうがよいでしょう。

逆に、よくないこと、嫌なことは、どんどん話して（離して）しまってください。

また、日本では古来より、言葉に出して言い立てることを「言挙《ことあ》げ」といい、慎しむべきだと考えられてきました。

柿本人麻呂は、同じく『万葉集』に、「葦原《あしはら》の瑞穂《みずほ》の國は神ながら言挙げせぬ國然《しか》れども言挙げぞ我がする」と詠《うた》っています。「言挙げ」をするのは、神さまにのみ許された行為なのです。「私たち人間は自己主張するべきではない」ということです。

そのような慎しみ深い態度の背景には、自分のことよりまず人のことを思う、謙虚な姿勢があったように思います。

しかし、戦後、昭和二〇年九月から、日本が米軍に占領されました。昭和二七年四月まで、米軍は、日本人に徹底的な占領政策を実行しました。その政策の中で「自己主張」の政策をしましたが、その後の日本人はどうでしょう。「自分が自分が」という、「が」の強い、歪んだ自己主張をする人が多く住む国になってしまったとは思いませんか？

その結果、他人のことも思いやることができず、「自分は自分、他人は他人」という誠に冷たく冷めた人間関係になってしまった、この現代日本の姿。残念ながら、平成の現代の日本でそれら個人主義が見事に成功してしまっております。

個人の権利は大切です。でも、何だかさみしいですね。自己主張ばかりしていたら、他人を思いやり、皆で一緒に助け合って、仲よく暮らすという共同体は崩壊してしまいます。昔のような他人を思いやることのできる人間が多くいた時代を取り戻したいですね。

今こそ私たちは、言挙げしない謙虚な姿勢を持った本来の日本の姿に学ぶべきではないでしょうか。

神さまにお願いするときは「礼」と「儀」を欠かさない

日本の精神であり、日本の文化でもある「神道」は、**神々に対する「礼」にはじま**

り、「儀（式）」に終わる、ともいわれます。

ロバート・ベラー博士は、

「信念はなくても儀礼だけで宗教は成り立つ。それは、儀式を通して神を感じる宗教であり、それが、神道などの民族宗教である」

と述べています。外国人から見てもわかるように、神道では儀式や儀礼が大切なのです。

実際、神社で毎年おこなわれる大祭、中祭、小祭は、まず神さまに挨拶をする、宮司一拝、つまり挨拶からはじまります。人と人の間でも、大切なことは挨拶です。挨拶から、すべての物事がはじまるのです。

神社の話に戻しますと、挨拶の宮司一拝の次は、その場所を清めるための「祓詞」、そして神さまへの御神饌をお供えする「献饌《けんせん》」です。神さまに御神饌をお供えさせていただくときも、「手長《てなが》」といって、神職数人で御神饌を手渡して、ご神前に置く作法があります。

御神饌を置いたら、次は、宮司や神職がご神前に座り、神さまへの祝詞を奏上します。このときも、宮司は二礼して二拍手します。祝詞奏上が終わったら一礼します。

このように、神社の神道の儀式は、神さまに失礼のないように、すべてが「礼」であり「儀」なのです。

神社を参拝させていただく礼と儀に関して、もうひとつ知っておいていただきたいことがあります。

それは、**神さまの世界には厳しい上下関係がある**ということです。

先ほど、一日のはじまりには産土神社にお参りするようおすすめしましたが、これにはきちんとした理由があります。

現実界において、いきなり会社の社長にお願いに行く人はいませんね。まず、受付や営業担当窓口にお願いをしてから、話が部長に行き、部長に話をさせていただくと、専務に話が行きます。専務に話をさせていただきますと、社長に話が行きます。そしてアポイントメントが取れて、やっと社長に会って話をすることができるのです。

神社を参拝させていただくときの礼と儀もこれと同じです。

まず、受付・営業担当窓口である産土神社に参拝させていただきます。産土神社に足しげく参拝しましたら、次に専務である一宮の神社や一宮クラスの神社に参拝させていただきます。会社でいう専務クラスの神社を参拝させていただきますと、皆さんの話は社長に伝わるものです。

その社長クラスの神社こそが、伊勢の神宮です。「ここぞ」というときにこそ、神社界の社長クラスである伊勢の神宮に参らせていただくとよいでしょう。

このように、社長としての神さまを頂点とした〝神さま界〟は、縦社会です。これを理解しないで、礼と儀を忘れた神社参拝をしていても、神さまへのお願いは一向に届きません。

神さまとつながる正しいお参りの作法

では、神さまに確実にお願いごとを叶えていただくためには、どのような作法で神社に参拝したらいいでしょうか？

前にも述べたように、私のご案内する神社参拝方法は、神社に参拝に訪れる前からはじまっています。**神社に行くまでも参拝なのです。**

まず、参拝する前日から三日前には、歓楽街に行くことを控えていただきます。また、可能なら牛や豚などの肉食も控えていただきます。前日には、必ず入浴していただきます。

このようにして、**「禊」をしてから参拝するのです。**

服装についても気を配っていただきます。

人にお願いに行くとき、私たちはお願いさせていただく先方に失礼のない格好で挨拶に行きますね。ということは、**神社にお願いに行くときも、失礼のない格好で行くべき**だということです。

「おかげさまで、感謝しております」と、Tシャツにジーンズ姿で御礼を伝えても、その気持ちはうまく伝わらないはずです。そうした感謝の気持ちがきちんと伝わる格好をしたいものです。「感謝の心や気持ちは、形にあらわれるもの」です。

服装については、目上の人のところにご挨拶に行くときの格好にならうといいでしょう。男性でしたら春・夏・秋・冬問わずにスーツとシャツにネクタイ、またはジャケットにネクタイ。女性でしたらスーツに襟の付いたシャツ、丈の短すぎるスカートやサンダルは避けましょう。

....

参拝させていただく時間も大事です。神社に夜中に参拝する人はいませんよね。**時間は朝六時頃〜夕方四時頃までがいいでしょう。**参拝は陽が出ている時間帯にしてください。

神社に到着しましたら、鳥居の手前で一五度〜三〇度の礼をします。

鳥居の近くにその神社の歴史やご祭神名や功績が説明してある「由緒書」がありますので、その神社にお祀りされている神さまのご神名を確かめて参拝させていただきましょう。よりよいのは、参拝前日にご神名を確認しておくことです。ご神名は各神社のホームページなどでも調べることができます。

神社には、必ず拝殿手前に身を清める「手水舎」があります。**手水舎で、両手を清め、口を清め、心身ともに清める**のです。

これは、『古事記』の伊邪那岐命、伊邪那美命との話で、伊邪那岐命が黄泉の国から逃げ帰り橘の阿波岐原で禊をしたときの故事に倣《なら》ったものです。本来は、神社を参拝する前に、神社の手前にある御手洗池に入り、禊をして、心身に付いた罪や穢れを祓い、体を清らかにしてはじめて神前に進み、参拝ができました。手水舎でのお清めは、これを簡略したものです。

手水舎の前では、まず一五度の礼をします。

右手で勺を持って、すくった水で左手を洗います。続いて、左手に勺を持ち替えて残りの水で右手を洗います。

また右手に勺を持って残っている水を左手のひらに注ぎ、その水で口をすすぎます。

口から水を出す姿を人に見られないように、手で隠すようにすると作法としては美しいです。その後、ハンカチで手と口を拭いてください。

神社の拝殿に向かうまでの参道を歩くときは、**参道の中央は正中といい、神さまの歩く場所ですので、参道の端を歩く**ようにします。

拝殿の前の賽銭《さいせん》箱の前で、一五度で一礼します。神社に鈴がありましたら、鳴らしてください。そして、賽銭箱にお賽銭を入れてください。

お賽銭の額についてはよく聞かれるのですが、ご縁（五円）とか、充分にご縁（一五円）、始終ご縁（四五円）などとよくいわれる語呂合わせにした額は、実はあまりよろしくありません。

できましたら、「少し多めかな」というくらいのお賽銭のほうが、皆さんの心意気が神さまへ伝わるのです。もうひとつ、お賽銭はお金をじかに入れるのではなく、封筒やポチ袋等に包んで、賽銭箱に入れてください。

・手水舎《てみずしゃ》でのお清めの作法・

①手水舎の前で一礼する
（一五度）。

②右手で柄杓を取り、水を汲み、左手を洗う。
左手に柄杓を持ち替えて、右手を洗う。

水はたっぷり汲む

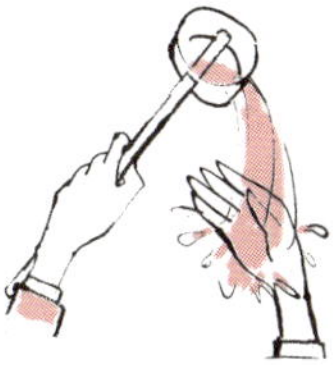

③柄杓を右に持ち替えて、
左手のひらに水を受け、
口をすすぐ。

口から水を出すときは
口元を手で隠すとよい

④柄杓を縦にして残った水
で柄を洗い、元の位置に
戻す

次に、賽銭箱の前で二回九〇度に腰を折って（二礼）、二拍手をします。このときに、神社の神さまのご神名を奏上させていただきます。まわりに聞こえないように小声で唱えます。拝殿の前で、

「〇〇神社の（ご神名）大神、守り給へ、幸はへ給へ」

と申し述べたあと、自分の住所、生年月日、名前をいい、

「（ご神名）大神の大前を拝《おが》み奉《たてまつ》ります。（報告、決意、願い）を白《まを》す」

とお願いごとを伝え、ご神前に向かって九〇度で一礼します。

帰りも、参道の端を歩きます。鳥居まできたら、鳥居の外で、神社の拝殿に向かって、一礼をします。

このように、神社の参拝は、礼と儀で構成されています。皆さんも神社を参拝されるときに、このような礼と儀の参拝をさせていただきますと、神さまとつながることができるようになります。

もうひとつ大切なことは、**まわりのことを祈れる真心**です。

・神さまに願いを届けるお参りの作法・

①拝殿の前まで来たら、鈴があれば鳴らし、賽銭箱にお金を入れる。
このとき、お金をそのまま入れず、封筒やポチ袋に包んだものを入れる。

②拝殿の前で二礼（九〇度）、二拍手。

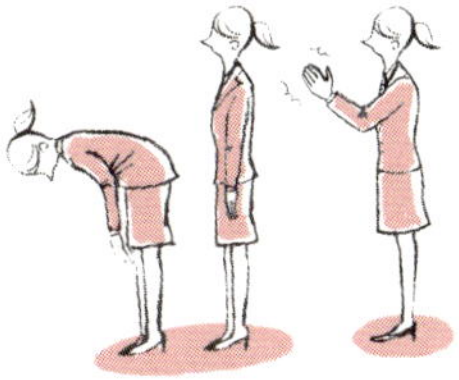

③ご神名・自分の住所・生年月日・名前・お願いごとを小声で申し述べ、一礼（九〇度）。

④鳥居の外で、拝殿に向かって一礼する。

「戦争や天災がなく、日本がずっと平和でありますように」
「会社がもっと発展しますように」
「○○さんが幸せでありますように」
といった、自分以外のことを祈っていると、それが巡り巡って自分に返ってきます。特に神さまにお願いしたいことがないという方は、このようにまわりのことをお祈りするといいでしょう。

そして**願いが叶ったら、そのままにはしないで、神社に御礼の気持ちを込めて、お礼参りに伺いましょう**。そのときは、御礼に見合ったそれなりの物を納めさせてさせていただきます。

それなりのものとは、お気持ちではありますが、神さまのおかげで売り上がった額の内から、お願いさせていただいたときのお賽銭の倍などを奉納したり、御神酒や御神饌（神さまへの果物、野菜など）を納めさせていただくなどしたら、神さまもお喜びになることでしょう。

ここまでできれば、神さまはより強力な皆さんの味方となってくれるでしょう。

コラム

ここぞというときは「正式参拝」をしよう

神社参りのとき、賽銭箱の前での参拝もよろしいですが、大きなお願いがありましたら、「正式参拝（昇殿参拝）」をおすすめいたします。

「正式参拝」とは、書いて字の如く、正式な参拝のことです。

では、正式な参拝とはどんなものなのでしょうか？

神社の社務所に行くと、「ご祈祷受付」と書いてある案内があります。そこで「五千円以上御随意」などと書いてあるご祈祷を申し込みますと、正式参拝をさせていただくことができます。

この参拝は、ご神前の前の座敷に昇り参拝させていただきますので、「昇殿参拝」ともいいます。必ず、正装で参拝しましょう。

神さまに心を込めた参拝をさせていただきたいという気持ちは、おのずと「正式参拝」

となるものです。少なくとも一年に一回は正式参拝をおすすめいたします。

賽銭箱にちゃりんとお賽銭を入れて柏手を二回打って帰る参拝と、神さまの前の座敷に昇って威儀を正した参拝の違いを、どうぞご体感ください。

また、正式参拝時に神札をいただけますので、その神札はご帰宅後に神棚に南向きにしてお祀りください。

神札の前には、水、米、塩をお供えしてください。毎日お供えすることが難しければ、一週間に一回お取り替えください。その場合でも、水は毎日お取り替えください。

そして、毎日欠かさずに神札へお祈りすることで、神さまがあなたのところへ降りてきてくださるようになるのです。

〈巻末付録〉
全国開運神社リスト

都道府県別におすすめの神社をあげました。お掃除をして参拝すれば、お参りの効果は倍増します。初詣やここぞというときには、身も心も清めたうえで神社に行きましょう。

北海道神宮　北海道

ご祭神　大国魂神（北海道国土の神さま）・大那牟遲神（国土経営、開拓の神さま）・少名彦名神（国土経営、医薬、酒造の神さま）・明治天皇（近代日本の礎を築かれた天皇）

明治四年の鎮座という歴史ではあるものの、開拓三神（大国魂神・大那牟遲神・少名彦名神）のご神力で事業運と健康運も上がるようになるでしょう。玄関と居間の掃き掃除と拭き掃除をしてからご参拝ください。

岩木山神社　青森

ご祭神　顯國魂神・多都比姫神・宇賀能賣神・大山祇神・坂上刈田麿命（開運招福、農海産物の守護神）

お岩木山に鎮まる農業漁業の神であり陸奥津軽の開拓の神というご神徳から、新しい仕事、新しい出会いに恵まれます。台所の流し・洗面台・浴室・トイレなどの水まわりは特にきれいにお掃除してからご参拝ください。

駒形神社　岩手

ご祭神　駒形大神［天照大御神・天之常立尊・国之狭槌・吾勝尊・置瀬尊・彦火火出見尊］（産業開発、必勝祈願、方位除け、家内安全）

神社の創建者といわれる日本武尊や征夷大将軍 坂上田村麻呂の篤い崇敬と勝負運に加え、古来より馬の守り神としても崇められてきたため、「勝守」の文字が書かれてあるお守りを買っていく多くの競馬ファンも見られます。謙虚に祈れば仕事運、健康運も上がります。風呂場・トイレを入念にお掃除してからご参拝ください。

塩竈神社　宮城

ご祭神　武甕槌神（武神）・経津主神（武神）・鹽土老翁神（塩、安産の神さま）

古代より東北最大で東北開拓の守護神である塩竈神社の三神は、東北で最大に頼りになる神さまともいえます。漁業、産業、海上守護としての徳と安産の神さまとしてのご神徳から、仕事運向上になり、健康運もいただけるでしょう。トイレ・浴室をお掃除して、寝室もお掃除しましょう。寝室にザクロを置いてからご参拝ください。子宝運も授けていただけることでしょう。

太平山三吉神社　秋田

ご祭神　大己貴大神（国造り、縁結び、家庭円満の神さま）・少名彦名大神（病気平癒、医薬の神さま）・三吉霊神（力、勝負、勝利、成功、事業繁栄の神さま）

征夷大将軍 坂上田村麻呂が三神を崇め開拓と勝負運を祈願して以来、勝利、成功、事業繁栄のご神徳を得られるとされています。恋愛運・家庭運・勝負運も同時に得られることでしょう。玄関から居間、ベランダを掃き掃除、拭き掃除してからご参拝ください。

鳥海山大物忌神社　山形

ご祭神　大物忌大神［稲倉魂命・豊受姫命］（農耕を司る神さま）

出羽の富士と呼ばれる鳥海山にご鎮座します大物忌神は農業の守護神ともされ、五穀豊穣を祈念すると仕事運や金運も自ずと得られることになるでしょう。特にベランダや庭をお掃除して窓もきれいに磨いてからご参拝ください。

磐椅神社　福島

ご祭神　大山祇神・埴山姫命（健康長寿、家内安全、商売繁盛の神さま）

武内宿禰が磐椅山に鎮座し、後に聖武天皇が現在地に遷座した大神さまは、豊作、方位除け、国土開発の神さまです。また、ご祭神と神社境内にある銘木「大鹿桜」から、縁結びのご神徳もあります。神社で謙虚にお祈りしましょう。浴室・トイレ・洗面台・台所などの水まわりをよくお掃除してからご参拝ください。

彌彦神社　新潟

ご祭神　天香山命（塩、農海産物の守護神、勝負運の神さま）

古くから「おやひこさま」といわれる天香山命は、この地に渡り塩を作る技術や農耕術を伝え国土開発を務めたことから、事業発展、金運のご神徳を得られるでしょう。特に台所・浴室・トイレや会社の洗面台を入念にお掃除をしてからご参拝ください。

高瀬神社　富山

ご祭神　大己貴命（福の神・縁結びの神さま）

大己貴命は、出雲の国から越中の国に渡った農耕の神ともいわれる医薬の神です。配祀の天活玉命は無病息災・延命長寿の神です。また、五十猛命は産業神です。高瀬の大神に祈願させていただくと、気力と体力と仕事運のご神徳と、縁結びのご神徳を頂けるでしょう。特に寝室と、台所や会社の流しもきれいにお掃除してからご参拝ください。

気多大社　石川

ご祭神　大己貴命（国土開発の神さま）

第八代孝元天皇の御代に、大国主命（大己貴命）は三百余の神々を率いて能登の地を平定しました。それにより仕事運の推進のご神力をいただけるでしょう。家庭と会社を安定させる徳もいただけるでしょう。特に居間を中心に入念にお掃除をしてからご参拝ください。

氣比神宮　福井

ご祭神　伊奢沙別命（衣食住、海上安全、農漁業、交通安全の神さま）・仲哀天皇（無病息災、延命長寿、武運長久の神さま）・神功皇后（安産、農漁業、海上安全、無病息災、延命長寿、武運長久、音楽舞踊の神さま）・応神天皇（海上安全、農漁業、無病息災、延命長寿、武運長久の神さま）・日本武尊（武運長久、無病息災、延命長寿の神さま）・玉姫命（音楽舞踊の神さま）・武内宿禰命（延命長寿、無病息災、武運長久の神さま）

氣比神宮の主祭神 伊奢沙別命は御食津大神（みけつおおかみ）とも称し食物を司る神様です。古代から海上交通、農漁業はじめ衣食住の生活全般の守護神とされていることから、真剣に祈れば生活全般の開運と仕事運と健康運のご神徳を得られるでしょう。より玄関をきれいに磨き掃除するとともに、台所もお掃除してご参拝ください。

諏訪大社上社・下社　長野

ご祭神　建御名方神・八坂刀売神（風・水の守護神、五穀豊穣の神さま）

風と水を司り、農業の神さまとして崇敬されてきた諏訪の大神さま。また、鹿島神宮と香取神宮と同じく東国の武神としても崇敬されてきたことから、事業運と商売繁盛のご神徳を得られることでしょう。特に居間やトイレなどの水まわりをきれいにして、会社の場合は会議室をよくお掃除してご参拝ください。

南宮大社　岐阜

ご祭神　金山彦命（鉱工業の神さま）

南宮大社は、戦乱の平定や神威を顕し、火之神であり、鉱工業の神さまであり、戦勝祈願の神威をも顕した故事から、懸命に祈れば商売の機運のご神徳を得られるでしょう。特に台所とレンジを入念にお掃除ください。トイレも毎日お掃除してからご参拝ください。

鹿島神宮 茨城

ご祭神 武甕槌大神（国土平定、武神）

鹿島神宮のご祭神 武甕槌大神は、出雲の大国主命に国譲りを要請した武神であり、天孫が治める国として国土を平定しました。このことから国の幸せを祈れば、安定した事業運と仕事運と家庭円満のご神徳を得られるでしょう。玄関からベランダにかけて余計な物は置かずに、水拭きもして、家や会社全体の気の流れをよくしてご参拝ください。

日光二荒山神社 栃木

ご祭神 二荒山大神［大己貴命・田心姫命・味耜高彦根命］（国土開発、縁結びの神さま）

神の鎮まり給う霊峰二荒山（男体山）を御神体山として仰ぐ二荒山神社の二荒山大神に真剣にお祈りすれば、よき人との縁が結ばれ、事業運のご神徳をいただくことができるでしょう。トイレや浴室、洗面台を入念にお掃除してご参拝ください。

一之宮貫前神社 群馬

ご祭神 経津主神・姫大神（国土平定、養蚕の神さま）

『日本書紀』などの国譲りの場面で、葦原中国（あしはらのなかつくに）平定に功績のあった経津主神と養蚕の神様比売神から、仕事運向上などのご神徳をいただけることでしょう。玄関から居間にかけてお掃除するとともに、台所もきれいにお掃除してご参拝ください。

三峯神社 埼玉

ご祭神 伊弉諾尊・伊弉册尊（国造り、国土開発の神さま）

日本武尊の東征の中、当地に国造りの神を偲び伊弉諾尊・伊弉册尊を祀ったことにより、謙虚になってお祈りさせていただくと、経営、事業繁栄、仕事運向上のご神徳をいただけることでしょう。玄関・浴室・台所の流し・トイレを入念にきれいにお掃除してご参拝ください。

香取神宮 千葉

ご祭神 経津主大神（国土平定、産業の神さま）

国を平定した経津主大神のご神徳は、家内安全、産業（農業·商工業）指導の神、海上守護、縁結び、安産の神、平和・外交の祖神として有名な神であることから、国家観からのお祈りをさせていただくと健康運と商売繁盛のご神徳をいただけるでしょう。特にトイレ・浴室・玄関をお掃除してご参拝ください。

神田神社 東京

ご祭神 大己貴命（国土開発、縁結びの神さま）・少名彦名命（商売繁盛の神さま）・平将門命（除災厄除の神さま）

一之宮の大己貴命は縁結びの神さまとして知られます。二之宮の少名彦名命は大己貴命とともに国造りをされた神さまです。三之宮の平将門命は、弱きを助け強きを挫く武神で勝負の神としても称えられています。恋愛運、仕事運のご神徳をいただけるでしょう。玄関·居間·トイレ·浴室をこまめにお掃除してご参拝ください。

明治神宮 東京

ご祭神 明治天皇、昭憲皇太后（国家繁栄、国際平和）

明治天皇は立憲政治を確立し、産業開発、国民教育を普及し国際平和を願うご神徳をお持ちです。まわりの皆さんの幸せと日頃の平和の感謝をお祈りすれば、事業運と家庭運のご神徳をいただけることでしょう。玄関・居間・台所を毎日きれいにしてご参拝ください。

箱根神社 神奈川

ご祭神 箱根大神［瓊瓊杵尊・木花咲耶姫命・彦火火出見尊］（交通安全、心願成就、開運厄除の神さま）

関東総鎮守の神さまである箱根大神は国土開拓の神であり、健康長寿の神であり、武運の神でもあることから、真剣にお祈りすれば事業を発展できる体力をもいただけることでしょう。玄関に生花を置き、居間の床を水拭きしてからご参拝ください。

淺間神社 山梨

ご祭神　木花開耶姫命（農業、酒造の守護、婚姻、子授け、安産の神さま）

天孫の妻であり国土経営にも尽くされた木花開耶姫命は、謙譲の美徳をお持ちです。淺間神社に参拝されれば家庭円満になり仕事運も上がるでしょう。特にトイレ、浴槽をこまめにきれいにして、毎日寝室を掃除してください。寝室にはザクロを置いてからご参拝ください。

三嶋大社 静岡

ご祭神　三嶋大明神［大山祇命・積羽八重事代主神］（山森農産の守護神、商工業、漁業の神さま）

関東武者の崇敬の篤かった三嶋大神は山の神であり、山から水などの生産物をもたらすことから、懸命にお祈りすれば仕事運、勝負運のご神徳をいただけるでしょう。玄関と台所・トイレなどの水まわりをこまめにお掃除してからご参拝ください。

真澄田神社 愛知

ご祭神　天火明命（農業の守護神・衣食の神さま）

尾張の地を農業地帯として開拓した神さまである天火明命は、衣食住の神でもあることから、真剣にお祈りすれば衣食住が足りる仕事運に恵まれることでしょう。台所・居間を毎日きれいにお掃除してからご参拝ください。

敢國神社 三重

ご祭神　大彦命・少彦名命・金山比咩命（国土繁栄、交通安全、医薬、酒造の神さま）

国土繁栄に尽くした大彦命と、商売繁盛、大漁満足、五穀豊穣の神として信仰される少名彦命に謙虚に祈願すれば、自ずと商売繁盛と健康運、家庭運のご神徳をいただくことができるでしょう。玄関と浴室をきれいにお掃除してご参拝ください。

多賀大社 滋賀

ご祭神　伊邪那岐大神・伊邪那美大神（延命長寿、家内安全の神さま）

多賀大社の両神は、はじめて夫婦の道をはじめられた神であり、多くの国土をお生みになられたことから、祈願すれば、夫婦円満となり仕事運も上がってきます。居間の床をきれいにお掃除してください。寝室も毎日拭き掃除、ザクロを置いてご参拝ください。

籠神社 京都

ご祭神　彦火明命（子孫長福、家内安全、諸病平癒の神さま）

天照大神の故郷でもある籠神社の主宰神 彦火明命は山幸彦として知られます。籠神社で参拝すれば明確な仕事運をいただけることでしょう。玄関、トイレ、浴室は毎日お掃除をして、各所に盛り塩を置いてご参拝ください。

大神神社 奈良

ご祭神　大物主大神・大己貴神・少彦名神（農業、工業、商業、国造りの神さま）

農業、工業、商業、造酒、交通、縁結びなどを生み出す三輪山をご神体山とする大物主大神に祈願すると、商売繁盛のご神徳をいただけることでしょう。玄関を掃き、磨いてください。また、トイレや浴室もお掃除してきれいにしてご参拝ください。

枚岡神社 大阪

ご祭神　天児屋根命・比売御神・経津主命・武甕槌命（学業、縁結び、夫婦和合の神さま）

枚岡神社のご祭神は常に天照大神につき従った神さまです。正式参拝すれば夫婦が円満になり、常に向上心がつくことで仕事運も上がるでしょう。居間の床を拭き掃除して、窓もきれいに磨いてからご参拝ください。

熊野本宮大社 和歌山

ご祭神　家津美御子大神［素盞嗚大神］（産業、生産の神さま）

熊野本宮の神は再生、よみがえりの神様といわれます。正式参拝すれば事業も人生も再生し、ご神徳で仕事運をいただけて、新たな仕事を展開していけるでしょう。一日の疲れをとる浴室を特にきれいに掃除してからご参拝ください。

伊和神社 …… 兵庫

ご祭神　大己貴神（国土開発、産業、医業の神さま）

国土開発に大きな事績を残したご祭神は交通安全、縁結びの神とも云われます。真剣に祈願をさせていただければ仕事運が上がり、よき人、よき仕事との縁が結ばれます。玄関のたたきは毎日拭き掃除をしてください。また、お台所のレンジもきれいに磨いてご参拝ください。

宇倍神社 …… 鳥取

ご祭神　武内宿禰命（子どもの神さま、長寿の神さま）

古代大和朝廷の最盛期を築いた武内宿禰命は、特に応神天皇のご幼少期も見事な補佐をされました。そのため正式参拝すれば、補佐としてのご神徳をいただき仕事運が上がります。トイレは毎日掃除機や箒で掃き、雑巾で磨き清めてからご参拝ください。

水若酢神社 …… 島根

ご祭神　水若酢命（国土開発、日本海鎮護の神さま）

景行天皇の第五皇子との説もある水若酢命は、海中よりこの地に上がられ、国土を開発したとされる神です。このことから正しい参拝をすれば仕事運が上がるでしょう。台所と洗面所、トイレ、浴槽は毎日ピカピカに磨いておき、ご参拝ください。

吉備津彦神社 …… 岡山

ご祭神　大吉備津彦命（国土開発の神さま）

参拝させていただければ岡山地方の開拓をし、土地を鎮護した神さまのご神徳から、事業開拓と仕事運のご神徳をいただけるでしょう。台所、居間、トイレは毎日お掃除をしてからご参拝ください。

吉備津神社 …… 広島

ご祭神　大吉備津彦命（国土経営の神さま）

国土の経営に励んだご祭神のご神徳から、礼儀正しく参拝をすると仕事運が上がり、商売繁盛の機運をいただけることでしょう。玄関・居間・台所をお掃除してからご参拝にお向かいください。

玉祖神社 …… 山口

ご祭神　玉祖命（漁業、海上交通、産業の神さま）

ご祭神は天照大御神が天岩戸に隠れた際に、勾玉を造った神さまです。このことから正しく参拝すると、製造業の関係の仕事運と商売繁盛のご神徳をいただけることでしょう。玄関にある鏡をきれいに磨いて、台所の流しはきれいにしてシンクも磨き、トイレもきれいにお掃除してからご参拝ください。

田村神社 …… 香川

ご祭神　田村大神［倭迹迹日百襲姫命・五十狭芹彦命（吉備津彦命）・猿田彦大神・天隠山命（高倉下命）・天五田根命（天村雲命）］（開運・招福・女性の地位向上の神さま）

倭迹迹日百襲姫命は疫病から人々を救い、予知力で謀反を未然に防ぐなど数々の勲功を得、五十狭芹彦命は農業殖産の開祖といわれることから、心静かに参拝すれば仕事運のご神徳をいただけるでしょう。特に浴室・トイレをきれいにお掃除してからご参拝ください。

忌部神社 …… 徳島

ご祭神　天日鷲命（製糸、殖産の神さま）

天照大神が天岩戸にお隠れになられた際に天太玉命に率いられて、白和幣を作った神ということから、真剣にお祈りすれば、よき仕事仲間が現れて仕事運が上がるでしょう。玄関のたたきを掃き掃除してよく磨いて、台所もきれいにお掃除してからご参拝ください。

大山祇神社 …… 愛媛

ご祭神　大山積神一座（諸願成就の神さま）

天孫・邇邇芸命の妃、木花開耶姫命の父として知られる大山祇神は山の神です。このことから謙虚に参拝すれば山のように動かざる安定した仕事運のご神徳をいただけるでしょう。居間をきれいに拭き掃除して、トイレと浴室もきれいにお掃除してからご参拝ください。

土佐神社 …… 高知

ご祭神　味鋤高彦根神・一言主神（国土開拓、農工商繁栄、物事解決）

航海安全、病気平癒の神でもある土佐大神にご祈祷を捧げれば、難事が解決して仕事運が上がり、商売が繁盛するご神徳をいただくことができるでしょう。特に居間とトイレ、玄関とベランダをお掃除してからご参拝ください。

住吉神社 …… 福岡

ご祭神　住吉三神［底筒男神・中筒男神・表筒男神］（航海、海上の守護神）

住吉三神の「心身の清浄」によって、災いから身を護るというご神徳から、参拝すると正しい商売で仕事運も上がることでしょう。特に浴室とトイレをきれいにお掃除してからご参拝ください。

宇佐神宮 …… 大分

ご祭神　八幡大神・比売大神・神功皇后（産業、安産、教育の神さま）

宇佐神宮で正式参拝すれば、全国四万社余りある八幡さまの総本宮であるご祭神の神徳をいただけて、全力をあげて仕事にとりかかれる仕事運をいただけるでしょう。玄関・居間・トイレをきれいにお掃除してからご参拝ください。

宮崎神宮 …… 宮崎

ご祭神　神日本磐余彦尊［神武天皇］（国土繁栄、諸願成就）

神武天皇の孫にあたる健磐龍命が九州の長官に就任した際に、この地に祖父の遺徳を称え創建された神社です。正式参拝で初代神武天皇のご神徳をいただき、初代運と仕事運も発展することでしょう。玄関からベランダにかけて掃き掃除、拭き掃除をしてからご参拝ください。

阿蘇神社 …… 熊本

ご祭神　健磐龍命（農耕の神さま）

阿蘇開拓の祖神健磐龍命のほか十一神を祀る阿蘇神社は、遣唐使派遣のときに航海安全を祈願するほどの神社でした。正しい参拝で安定した仕事運というご神徳をいただけるでしょう。玄関と居間、ベランダを掃き掃除、拭き掃除をしてください。会社はデスクの上をきれいに拭いてからご参拝ください。

枚聞神社 …… 鹿児島

ご祭神　枚聞神一座（開拓、農業、漁業の神さま）

薩摩国一宮であるこの神社は開聞岳をご神体として、また地方開拓神として信仰されています。このことから参拝すれば商売の機運と仕事運のご神徳をいただけることでしょう。台所の流し・洗面台・トイレ・浴室をきれいに磨き掃除をしてからご参拝ください。

千栗八幡宮 …… 佐賀

ご祭神　応神天皇・仲哀天皇・神功皇后（産業、武勇の神さま）

壬生春成が八幡大神の御神託によってこの地に千栗八幡宮が創建されました。八幡神の国家鎮護と武勇のご神徳から、正しく参拝すれば正しき仕事運をいただけるでしょう。玄関と台所・居間の床をきれいに掃き掃除、拭き掃除をしてからご参拝ください。

諏訪神社 …… 長崎

ご祭神　建御名方神・八坂刀売神・森崎大神・住吉大神（武神、厄除け、縁結び、海上安全の神さま）

寛永二年に現在の地に長崎の産土神として再興したことで、農業神とも海上安全の神、そして武神として多くの武士の信仰も集めてきました。それらのご神徳から正式に祈願すれば縁結び、仕事運をもいただくことができるでしょう。トイレ・浴室・流し・洗面台をきれいに拭き掃除してからご参拝ください。

波上宮 …… 沖縄

ご祭神　伊弉冊尊・速玉男尊・事解男尊（豊漁、豊穣、海上安全の神様）

波の上の崖端の聖地で、ニライカナイの神に豊漁と豊穣を祈願する正しいお祈りを捧げれば、商売繁盛と健康運、縁結びのご神徳をいただくことができるでしょう。特に居間の床を拭き掃除して、トイレ・浴室をお掃除してからご参拝ください。

おわりに

「清らかに過ごすこと」

これが神道的な生き方です。

神社も同じですが、家の中の部屋のお掃除をするということは、同時に心のお掃除にもつながります。

また、不思議なことに、毎日お掃除をしている人は、体も健康な人が多いのです。

本書では、「清める」ということを中心にお話ししてきましたが、神道に関する言葉の中に「中今《なかいま》」という言葉があります。

「中今」とは、ただ今、過去に執着せず、未来を憂えることもなく、今現在に集中して、今現在を大切に過ごすこと。今現在を大切に生きること。

今を大切に、今を集中して生きているからこそ、結果、希望の未来を拓くことができるのです。

これまで、きちんとお掃除できていなかったとしても、自分を責めなくていいのです。自分を責めることは、むしろ穢れをつくってしまいます。自分の魂も傷つけてしまうのです。

それよりも、今、その反省点に気づき、小さなことからでも改善していきましょう。そうすれば、必ずすばらしい未来を創っていくことができます。

それは、空間だけでなく、心や体も同じです。


そうしてつくり上げられた清らかな場所、清らかな人のところへ、神さまは降りてくるのです。

皆さんが神さまとつながるお掃除で、たくさんの幸せに恵まれることを、心よりお祈りしております。

著者紹介

西邑清志（にしむら　きよし）
開運神社ナビゲーター。東京生まれ。國學院大學神道文化学部神職課程卒業。神社本廳正階位。平安時代から続く旧牛頭天王社神社祠官の家系に生まれる。レコード会社２社のデザイン部勤務を経て現在に至る。神職として地鎮祭、上棟祭、七五三祈願、諸祈願を承るほか、企業や個人に向けた開運アドバイス、開運神社参拝の案内役として活躍中。著書に『今こそ本気の神社まいり』（主婦の友社）、『みんなの神さま　神社で神さまとご縁をつなぐ本』（永岡書店）、『あなたの運がよくなる！　神さまへの願いの届け方』（かんき出版）がある。
http://kaiunjinjya.jp

幸《しあわ》せの神《かみ》さまとつながるお掃除《そうじ》の作法《さほう》

2014年12月20日　第１刷

著　　者　西《にし》邑《むら》清《きよ》志《し》

発 行 者　小澤源太郎

責任編集　株式会社　プライム涌光
電話　編集部　03(3203)2850

発 行 所　株式会社　青春出版社
東京都新宿区若松町12番１号 〒162-0056
振替番号　00190-7-98602
電話　営業部　03(3207)1916

印　刷　中央精版印刷　　製　本　大口製本

万一、落丁、乱丁がありました節は、お取りかえします。
ISBN978-4-413-03935-2 C0095